O caminho do Irmão Francisco

Dados Internacionais de Catalogação na Publicação (CIP)
(Câmara Brasileira do Livro, SP, Brasil)

Maranesi, Pietro
O caminho do Irmão Francisco : os últimos três anos da vida do santo / Pietro Maranesi ; tradução de Frei José Alberto dos Santos. – Petrópolis, RJ : Vozes, 2025.

Título original: La via di Frate Francesco
ISBN 978-85-326-7341-1

1. Cristianismo 2. Franciscanismo
3. Francisco de Assis, Santo, 1181 ou 2-1226
4. Santos católicos – Biografia I. Título.

25-292223.0 CDD-282.092

Índices para catálogo sistemático:
1. Santos : Igreja Católica : Biografia 282.092

Eliete Marques da Silva – Bibliotecária – CRB-8/9380

Pietro Maranesi

O caminho do Irmão Francisco

Os últimos três anos da vida do santo

Tradução de Frei José Alberto dos Santos

EDITORA VOZES

Petrópolis

Basilica del Santo – Via Orto Botanico, 11 – 35123 Padova
www.edizionimessaggero.it

Tradução do original italiano intitulado *La via di frate Francesco – Gli ultimi tre anni de la vita del santo: introduzione ai centenari francescani*

Direitos de publicação em língua portuguesa – Brasil:
2025, Editora Vozes Ltda.
Rua Frei Luís, 100
25689-900 – Petrópolis, RJ
www.vozes.com.br
Brasil

Editoração: Israel Vilas Bôas
Diagramação: Editora Vozes
Revisão gráfica: Alessandra Karl
Capa: Ygor Moretti
Imagem de capa: Crucifixo, de Giunta Pisano

ISBN 978-85-326-7341-1 (Brasil)
ISBN 978-88-250-5604-4 (Itália)

Este livro foi composto e impresso pela Editora Vozes Ltda.

Sumário

Introdução
Os seis percursos da memória comemorativa

1. Irmão Francisco de Assis: 1182-1226. São as duas datas relatadas na carteira de identidade definitiva e eterna entregue pelo amor de Deus àquele homem que se apresentou a Ele com os mesmos sinais – impressos no corpo e na alma – de seu filho Jesus, o Cristo. E é por isso que as duas festividades são sempre oportunidades importantes para recordar a sua identidade cristã, momentos comemorativos propostos não só para homenagear aquela história, mas também para fazer disso um ponto de referência e de encorajamento para a nossa existência. Portanto, no dia 3 de outubro de 2026, recordaremos os oitocentos anos da morte do Irmão Francisco, uma distância temporal que, no entanto, não atenuou a força radiante da sua história humana e cristã.

Também o Papa Francisco ficou imediatamente fascinado por aquele assisense. Dele, o pontífice assumiu para si não só o seu nome como bispo de Roma, mas também alguns dos ideais programáticos do seu mandato pastoral. Juntamente com o estilo de vida simples e humilde, feito de proximidade e partilha, o papa inspirou-se no Santo de Assis em duas grandes encíclicas enviadas ao mundo inteiro para tratar de questões igualmente cruciais da nossa contemporaneidade: *Laudato si'* em que examina o cuidado da criação que, como casa comum para todos, deve ser defendida contra o risco cada vez mais grave de uma catástrofe ecológica; e *Fratelli tutti*, em que examina a amizade e a fraternidade universal, para lembrar a urgência de novos estilos sociais, políticos e econômicos necessários para promover a justiça e a paz entre homens.

O octingentenário da morte do santo constitui, portanto, uma oportunidade preciosa para olhar para trás, para aquela história concluída há oitocentos anos, na certeza de encontrar nela uma referência ainda atual para a nossa época; naquele acontecimento, de fato, recordamos o caminho de um homem que, tendo acreditado no Evangelho, conseguiu permanecer fiel à vida e torná-la humana.

Neste contexto comemorativo, o mundo franciscano quis preparar-se para o evento, porém, ampliando a sua atenção para os últimos anos de existência do Irmão Francisco. Com efeito, a partir de 1223, sucederam-se vários acontecimentos na sua vida, intimamente ligados aos grandes temas daquela experiência humana e cristã. Recordá-los e celebrá-los significa, portanto, não só refazer à luz histórica o último trecho do itinerário vivido pelo Santo no seguimento de Cristo e que terminou no final da tarde daquele longínquo 03 de outubro de 1226, mas também deixar-se educar e encorajar por alguns acontecimentos finais, portanto ricos e preciosos para compreender plenamente a "santidade humana" de Francisco de Assis e torná-la referência de vida para a nossa geração.

2. A partir, então, deste ano de 2023, até o ano de 2026, a grande família franciscana, isto é, o mundo rico e variado de todos aqueles que fazem de Francisco de Assis um ponto de referência para a sua vida cristã, organiza a celebração de cinco

memórias importantes relativas a tantos episódios ocorridos nos últimos anos de vida do santo.

A primeira ocorreu no final de novembro de 1223, quando o Papa Honório III aprovou definitivamente a *Regra* dos Frades Menores, ato que completou o longo e conturbado caminho para dar forma jurídica à revelação inicialmente dada a Francisco pelo "próprio Altíssimo.": "Viver segundo a forma do Santo Evangelho" (Test. 14).

Ainda naquele mesmo ano, o santo quis organizar em Greccio a representação do sagrado Natal de Jesus, a fim de contemplar, "também com os olhos do corpo e não só da alma", o modelo do qual havia assumido os ideais centrais da vida minoritária: a humildade e a pobreza de Cristo.

O ano seguinte foi um período desafiador e difícil para Francisco, descrito pelas fontes como o momento de uma "grande tentação", porém não "da carne, mas do espírito". Nele, de fato, ele será obrigado a verificar quão verdadeiro e profundo foi o seu seguimento de Cristo pobre e crucificado, e fê-lo tendo que confrontar com uma dupla fragilidade: as dificuldades relacionais com os seus frades e o sofrimento físico do seu próprio corpo.

Em setembro de 1224 sentiu a necessidade de ir ao Monte Alverne onde, acusado por incompreensões e quase marginalizado pelos frades, encontraria novamente a caridade de Deus no rosto crucificado e glorioso do Filho, experiência que ele então fixou na composição poética dos *Louvores ao Deus Altíssimo* (LD).

A essas dificuldades se adicionou o agravamento de suas numerosas e dolorosas doenças; neste contexto, no final do mesmo ano ou talvez no início de 1225, foi hospedado durante cinquenta dias numa pequena casa ao lado do mosteiro de São Damião, onde Clara e as suas irmãs cuidaram dele. Ali, depois de uma noite de grande desânimo e fracasso, compôs o *Cântico do Irmão Sol* (Cnt) em agradecimento pela consolação obtida de Deus.

No último ano de sua vida, em 1226, houve um outro evento importante: a escrita do *Testamento*, texto composto pelo santo perto de sua morte para se despedir de seus irmãos, deixando-lhes uma *recordatio* e uma *admonitio* que os ajudou a observar melhor a *Regra*. Naquele momento ele estava pronto a deixar tudo para encontrar-se final e definitivamente com quem havia procurado e encontrado em tudo e em todos os rostos.

3. Antes de retratar dos acontecimentos aqui mencionados, gostaria de propor uma hipótese preliminar para apreciar melhor o seu valor histórico e existencial para toda a história da santidade de Francisco. Creio em que aquilo que sucedeu entre os anos de 1223 e de 1226 se ilumine com luz derradeira, desde que se ponha em continuidade estreita e direta com a identidade cristã que Francisco intuiu e abraçou entre 1206 e 1209, anos da sua conversão. Para esclarecer melhor a hipótese, proponho a metáfora da "ponte" com os dois pilares em que é construída, um no início e outro no final da sua armação: só assim, de fato, está bem plantada na terra e, portanto, forte e estável naquela "humildade", pode sustentar o caminho, tornando-se caminho para a vida.

A pobreza e a humildade existencial, escolhidas no início por Francisco como base sólida na qual se fundamentou a sua vida baseada no Evangelho, retornaram no final, quando, forçado pelos trágicos acontecimentos daquele período de grande tribulação, foi chamado a abraçar novamente aquela condição, para encontrar a pedra angular na qual pôr agora e para sempre sua existência. O início e o fim de sua história parecem se lembrar e se completar.

A sua conversão cristã, a sugerir por volta de 1206, caracterizou-se por uma espécie de inversão geral: do sonho de ascender à grandeza, para o alto, até a fortaleza do poder, ali, lugar em que teria sido admirado e honrado por todos, passou à escolha da descida, para o fundo do vale, junto daqueles que jaziam sós na terra humilde e poeirenta, às margens da estrada, até que fosse conduzido, como ele mesmo conta no Testamento, para dentro do leprosário, a fim de "fazer misericórdia" para com os excluídos e os abandonados. E ali próprio, naquela baixeza feita de terra nua e exilada, ocorreu uma conversão radical dos critérios de existência, uma novidade "de sabores" que é "de sabedoria" que lhe permitiu experimentar com espanto uma doçura nunca sentida, uma alegria "verdadeira", cem vezes maior.

No final da sua vida, aconteceu algo semelhante, apenas com uma diferença importante: tudo aconteceu não por sua escolha, mas pela surpresa de acontecimentos que derrubaram as certezas baseadas nos seus sucessos religiosos. De fato, naqueles últimos anos, Francisco foi forçado, por acontecimentos dolorosos e decepcionantes, a despojar-se de tudo, para ser colocado mais abaixo, de novo na terra. E partindo daí, isto é, da sua pobre humanidade, foi convidado a permanecer no caminho em busca daquele que inicialmente havia encontrado como "o bem, todo bem e o bem supremo" (LD 3), aquele que é "riqueza suficiente" (LD 5), porque só Ele era a doçura, a verdadeira alegria, a rocha sólida, o caminho para a vida.

4. Os cinco episódios finais da sua existência, que serão celebrados nos próximos três anos, devem, portanto, ser lidos

como momentos sucessivos e complementares de um tempo de "grande tribulação" que obrigou o santo a entrar numa "grande tentação", graças ao qual ("como uma graça") ele pôde perscrutar o fundo do seu coração e reconhecer se o que ele havia escolhido no início ainda era verdadeiro até o fim, isto é, se Cristo era verdadeiramente a pedra angular na qual era baseada a vida.

A situação era arriscada! De fato, ele estava vivendo algo semelhante ao que muitas vezes era recordado nas *Admoestações* (Ad), no qual havia repetidamente chamado a atenção aos seus frades o perigo de se apropriar dos "bens" trabalhados, tornando-os motivo de exaltação e de autoafirmação. E era precisamente a situação em que se encontrava o último Francisco: o risco de perder o caminho do próprio Evangelho por causa dos sucessos que alcançava pelo Evangelho. A sua Ordem, de fato, tornou-se famosa e numerosa, empenhada com fruto na atividade pastoral e reconhecida como preciosa e importante para a Igreja e para a sociedade: E não só: a sua própria pessoa era desde já considerada santa, estimada e honrada por todos. Para Francisco, tudo isso poderia ser considerado uma verdadeira felicidade, ou, ao invés disso, poderia ser visto quase como um risco ou um impedimento, ele mesmo deixou isso claro em uma famosa e importante *Admoestação*:

> O servo de Deus não pode saber quanta paciência e humildade tem em si, enquanto tudo acontece como Ele quer. Mas quando vier o tempo em que os que lhe deveriam dar prazer fizerem o contrário, a paciência e humildade que tiver nessa ocasião é tudo que tem e nada mais (Ad 13).

No breve, mas intenso texto, o santo prepara e interpreta a parábola – à qual já temos aludimos e à qual voltaremos –

narrada ao Irmão Leão quanto à verdadeira alegria. No centro da *Admoestação,* existe, de fato, uma questão-chave na sensibilidade de Francisco: "como conhecer si mesmo", isto é, como conhecer a própria verdade e autenticidade, para ver a quem verdadeiramente repousa a sua existência. Muitas vezes, havia experimentado quantos perigosos são os bens que Deus nos concede de "dizer e fazer", porque poderiam tornar-se não só motivo de "exaltação" (Ad 2,3), mas também de mentiras, considerando que aqueles resultados reconhecidos e admirados pelos outros eram a verdade da própria pessoa (cf. Ad 5,7).

Ao mesmo tempo, era bem consciente de que teria alcançado o conhecimento de si, isto é, se teria sido verdadeiramente "Irmão Francisco", ou apenas pura aparência, animada pelo desejo de emergir, somente no momento dramático no qual tudo lhe teria sido tirado, despojado de todas as certezas e riquezas; somente naquele momento, no qual tocou as profundezas da sua terra pobre e humilde, teria obtido a verdade de si, para constatar se o Evangelho tinha sido verdadeiramente a sua pedra angular ou se se tornou uma pedra de escândalo porque era motivo de orgulho e poder. Só quando o rio transbordasse é que ele saberia se os pilares que sustentavam a sua existência estavam fundados na rocha que é Cristo ou na areia da sua vanglória.

Assim mesmo sucedeu, por fim, nos últimos anos, os quais o prepararam para o despojamento definitivo, quando chegou a "grande tentação", que o despiu de tudo e o obrigou a apresentar-se assim à irmã morte.

O método com o qual gostaríamos de organizar a leitura dos eventos comemorativos destes próximos anos é o contextual, com o qual vamos individualizar e reconstituir seis etapas do caminho progressivo do santo rumo à morte. Antecipamos os títulos que representarão os diversos capítulos do texto: 1. A Regra de Roma: o caminho do Evangelho (1223); 2. O Natal de Greccio: o caminho da humildade (1223); 3. A solidão do Monte Alverne: o caminho da caridade (1224); 4. O sofrimento em São Damião: o caminho da beleza (1225); 5. A despedida de Assis: o caminho dos irmãos (1226); 6. Na Porciúncula: o caminho a vida ao encontro da irmã morte.

Por meio do método histórico-narrativo, marcado por etapas cronológicas e temáticas, pretende-se alcançar um objetivo fundamental: fazer com que o leitor admire, não a excepcionalidade de São Francisco, com exaltação de sua santidade única e insuperável, que se alteia nas alturas do espírito já purificado e liberto da matéria, mas a dramaticidade dos acontecimentos finais vividos pelo Irmão Francisco, um homem de carne e sangue, o qual reafirma a sequela de Cristo, pois aceita as contradições e as fadigas do caminho do Evangelho, no seio da história atribulada e contraditória dos homens, e segue as pegadas daquele homem pobre e crucificado, que desejava imitar.

5. O método e os objetivos escolhidos impõem algumas considerações quanto à questão das fontes de que se dispõe para repercorrer esta história de humanidade cristã. Desconsiderando de todo as narrações modernas acerca de Francisco, vamos nos servir somente das antigas, distinguidas em dois gêneros: de um lado, as hagiografias – escrita da santidade – compostas nas décadas subsequentes à sua morte e movidas pela necessidade e pelo desejo de narrar São Francisco; de outro, os escritos do Irmão Francisco, compostos pelo próprio protagonista no mesmo momento em que os fatos se davam.

Um comentário introdutório acerca da riqueza deste duplo material histórico permitirá ao leitor – não inteiramente versado nessa literatura – obter informações preliminares para avaliar o valor e os limites dos textos que haveremos de empregar nestas páginas.

Comecemos pelas hagiografias. Elas constituem, sem dúvida, as fontes primárias do presente intento. A sua leitura, porém, apresenta não poucas dificuldades, em virtude de testemunhos nem sempre uniformes e concordes, bem como insegurança textual que exigirá uso atento, visto que se está diante de material hagiográfico, animado pelo desejo de mostrar e de exaltar a santidade de Francisco.

O primeiro texto veio a lume em 1229, quando Tomás de Celano, um ano depois da canonização de Francisco por obra de Gregório IX e por incumbência do próprio papa e do ministro-geral, Frei Elias, redigiu a vida hagiográfica oficial com que se havia de honrar o santo: *Vida do Beato Francisco*, conhecida também como *Vida Primeira* (1Cel).

Entre 1241 e 1243 vieram a lume outras vidas hagiográficas anônimas (*Primórdios ou fundação da Ordem*, também conhecido como *Anônimo Perusino* [Ap] e a *Legenda dos Três Companheiros* [LTC]) que, de algum modo, se ajuntavam à vida composta por Tomás não só para confirmar aqueles relatos, como também para acrescentar matéria nova. Com o transcorrer do tempo percebia-se, na verdade, a insuficiência daquele primeiro texto oficial, escrito com urgência, e a necessidade de completá-lo ou de substituí-lo por novos relatos.

Precisamente por essa necessidade, o Capítulo geral dos Frades Menores, celebrado em Gênova em 1244, pediu a todos quantos haviam conhecido Francisco que escrevessem memórias e as enviassem ao ministro-geral, Crescêncio de Jesi; este depois as remeteria a Tomás, para que pudesse redigir nova vida do santo. À tal solicitação, responderam também três companheiros de Francisco, isto é, Leão, Ângelo e Rufino, os quais, de Greccio, em 1245, enviaram ao ministro uma série de lembranças "como de um prado risonho, um ramalhete de flores" (Greccio [Carta de Greccio]), isto é, um florilégio que se centrava, em particular, nos acontecimentos dos últimos tempos do santo, os mais descurados (talvez por mais problemáticos) pelas vidas precedentes. Não se sabe com precisão o que exatamente esse florilégio continha, por não nos ter chegado na sua forma original.

Parte desse material enviado por seus companheiros, como também as duas lendas anônimas procedentes e outras fontes, talvez de natureza oral, foram empregadas por Tomás para elaborar a *Segunda Vida*, intitulada *Memorial do Desejo da Alma* (2Cel), apresentada e aprovada pelo Capítulo Geral em 1247. O hagiógrafo tinha diante de si material novo e amplo que, contudo, exigia exame e seleção nada fáceis. Dificuldade particular apresentavam as memórias dos três companheiros, pois narravam os últimos anos de Francisco com força e com caráter problemático, e punham em relevo sobretudo as dificuldades e as oposições daquele período final entre o santo e os frades, sobretudo as dos doutos e dos ministros. Era matéria certamente rica, mas também incômoda e problemática, de emprego difícil em uma vida hagiográfica oficial.

Por incumbência do Capítulo de 1260, o ministro-geral, Frei Boaventura de Bagnoregio, eleito em 1257, pôs mãos à obra e, no espaço de três anos, isto é, em 1263, levou a termo uma *Vida ha-*

giográfica dupla (*maior* [LM] e *menor* [Lm]), apresentada depois no referido Capítulo geral. O ministro-geral valeu-se sobretudo das duas obras oficiais precedentes de Tomás de Celano e compôs a vida hagiográfica na qual logrou fazer da santidade perfeita de Francisco ora o modelo inspirador de vida ordenada e conventual dos frades, ora a resposta apologética a todas as muitas críticas que, há mais de um decênio, se dirigiam à Ordem do exterior, acusada de ser novidade ilegítima e perigosa para a Igreja.

A obra alcançou tamanho êxito que, em 1266, o Capítulo geral seguinte ordenou aos frades que apagassem todas as vidas hagiográficas precedentes a fim de que a de Boaventura permanecesse a única obra acerca de São Francisco. A decisão foi revertida dez anos depois, quando, em 1276, o Capítulo Geral de Pádua convidou os frades a recuperar as memórias de Francisco que haviam sido perdidas ou destruídas nos anos anteriores. Neste contexto nasce a *Compilação de Assis* (CA), isto é, a coleta compilatória efetuada por um frade, o qual, depois que encontrou em algum armário do Sacro Convento de Assis o florilégio enviado pelos três companheiros desde Greccio, transcreveu parte daquela coletânea e também a mesclou com trechos do *Memorial* de Tomás.

A esta primeira fonte há de se ajuntar outra, por certo ainda mais importante, pois é fornecida pelo próprio Irmão Francisco: os seus numerosos textos. A escrita pertenceu às características peculiares daquele homem que, embora se definisse "ignorante e iletrado" (Ord 39), usava muitas vezes, e de bom grado, esse instrumento de comunicação. Chegaram-nos de sua lavra quase trinta escritos, os quais, por sua brevidade, receberam também o título de opúsculos, isto é, pequenas obras. Percebe-se variedade de gêneros nos escritos: o jurídico – no qual se acham as três Regras (a *Regra não bulada* [RnB], a *Regra bulada* [RB] e a *Regra para os Eremitérios* [RE]), as *Admoestações* e o *Testamento* –; o epistolar, com cartas de caráter circular, dirigidas a destinatários externos e a destinatários internos à Ordem, e com cartas pessoais, redigidas não só para alguns frades, como para Frei Leão, para Frei Antônio e para um ministro anônimo, mas também para amigos seus, como para Frei Jacoba; e o poético, de índole orante, que compreende preces de natureza sálmica e litúrgica, destinadas à oração comunitária (como o *Ofício da Paixão do Senhor*, os *Louvores para cada Hora*, a *Exortação ao louvor de Deus*), e preces de natureza mística pessoal, no qual se acham os textos mais conhecidos do santo, a saber: os *Louvores de Deus Altíssimo*, a *Cártula a Frei Leão* e, sobretudo, o *Cântico do Irmão Sol*.

Acerca deste precioso material, composto por Francisco, cumpre acrescentar um pormenor, o qual o torna ainda mais interessante ao nosso modo de ver. A sua produção vem quase toda nos últimos anos da vida do santo e deixa emergir uma relação inversamente proporcional entre a diminuição da mobilidade física e pastoral de Francisco, devido à sua doença, e o aumento progressivo da utilização da escritura, único modo de substituir o que ele não podia mais fazer por si mesmo. Tal observação antecipa o quanto constataremos lendo aqueles textos: a sua intensidade existencial e espiritual, na qual brilha com vividez a humanidade do "Irmão Francisco", um homem que, embora consciente de estar diante da morte, não para de ter uma paixão pela vida.

6. O texto que aqui oferecemos é pensado para um público variado, com distintos graus de conhecimento de Francisco: é destinado, antes de tudo, àquele que não desconhece a sua his-

tória, para surpreendê-lo da sua grande humanidade como verdadeira medida de sua santidade; pois, àqueles que a conhecem "só um pouco", para fornecer-lhes mais motivos de interesse e de aprofundamento dos anos finais assim complicados e preciosos; e, por fim, aos frequentadores assíduos da sua história, a fim de, ao lado deles, avaliar a confiabilidade de alguns de meus leitores que talvez resultem novas ou real problemáticas. O texto, livre de uma abordagem seja estritamente científico seja puramente devocional, tenta reconstituir, com atenção histórica e paixão existencial, os últimos anos da história do santo, certo de estar diante de uma herança "preciosa", mesmo que "difícil", da qual ainda é possível atingir a coragem e a alegria de fazer do Evangelho o caminho da vida.

1
A regra de Roma: o caminho do Evangelho (1223)

O empenho de dar uma forma ao Evangelho

1. O breve e simples texto apresentado por Francisco junto aos seus primeiros companheiros em 1209 ao Papa Inocêncio III constituiu até 1220 a única referência jurídica da fraternidade minoritária. É o próprio Francisco quem no *Testamento*, no fim da sua vida, recorda e conta como se deu a escrita daquele primeiro e fundamental texto:

> E depois que o Senhor me deu irmãos, ninguém me mostrou o que deveria fazer, mas o próprio Altíssimo revelou-me que eu deveria viver segundo a forma do santo Evangelho. E eu o fiz escrever com poucas palavras e de modo simples, e o Senhor Papa mo confirmou (Test 14-15).

A resposta quanto a "que coisa fazer juntos" é condensada por Francisco mediante a famosa fórmula: "viver segundo a forma do Santo Evangelho". Se se toma o termo "forma" num matiz presente no uso latino, ele se relaciona com a "formosura", isto é, com a "beleza". É possível então afirmar que a intuição concedida por Deus a Francisco consistiu na revelação da formosura, ou beleza, do Evangelho: a de viver segundo a forma, isto é, a beleza, de Jesus. Tal intuição tornou-se um texto breve e simples, apresentado ao papa e por ele aprovado, porém, só em forma oral, ato jurídico suficiente, todavia, para reconhecer aquele pequeno grupo com *status* de "vida religiosa" com o direito, com efeito, de poder pregar o Evangelho.

O texto o qual narra Francisco, por nós conhecido como *Protorregra*, não nos é dado na sua forma original; porém, estamos quase certos de que corresponda ao capítulo 1 da Regra não Bulada, documento jurídico, este último, organizado em 1221, quando a fraternidade devia redigir um texto mais amplo e definitivo que fosse aprovado de modo oficial pelo papa. Leiamos aquele curto e simples documento, do qual fala Francisco no *Testamento* e que, como mencionado, fora conservado no início da antiga *Regra*:

> A regra e vida destes frades é esta, a saber, viver em obediência, em castidade e sem nada de próprio, e seguir a doutrina e os vestígios de nosso Senhor Jesus Cristo, que diz: "Se queres ser perfeito, vai e vende tudo que tens, e dá aos pobres e terás um tesouro no céu; e vem, segue-me" (Mt 19,21). E: "Se alguém quer vir após mim, negue-se a si mesmo e tome a sua cruz e me siga" (Mt 16,24). Do mesmo modo: "Se alguém quer vir a mim e não odeia pai e mãe e mulher e filhos e irmãos e irmãs, e também sua própria vida, não pode ser meu discípulo" (Lc 14, 26). E: "Todo aquele que deixar pai ou mãe, irmãos ou irmãs, esposa ou filhos, casas ou campos por causa de mim, receberá o cêntuplo e possuirá a vida eterna" (RnB 1,1-5).

A primeira notícia que emerge da série de quatro citações evangélicas, propostas como referências específicas na *Protorregra* para dar "forma à vida segundo o Evangelho", diz respeito a uma escolha básica compreendida por Francisco: não se tratava de estabelecer "que coisa fazer", mas "como ser". A sua identidade não consistia primariamente em uma tarefa de absolver, mas em um modo específico de estar com Jesus, o qual é estabelecido pela afirmação inicial: "seguir os ensinamentos e os passos de nosso Senhor Jesus Cristo". O nome identificador escolhido por Francisco para si e para os irmãos representava uma síntese perfeita daquilo que receberam de Deus como revelação do seu estilo de vida: queriam ser "frades menores". Ao contrário da definição a que se eram dados os frades de São Domingos, qualificando-se como "frades pregadores", para Francisco o elemento constitutivo da sua identidade não era "o porquê ser na estrada", mas a "forma de estar lá": não para realizar uma tarefa missionária de pregação, mas para caminhar direto ao Senhor para assim partilhar entre eles e propor aos outros a sua forma de vida humilde e pobre realizada com os discípulos.

Para realizar isto, aqueles que vinham para abraçar "a forma de vida minorítica segundo o Evangelho" eram chamados a fazer uma escolha preliminar, estabelecida com a primeira das quatro citações evangélicas: vender tudo o que tinham e dá-lo aos pobres (Mt 19,21). Assumiram uma nova identidade pessoal e passaram a uma nova condição social: do alto da sua riqueza para o baixo da partilha com os pobres. Era a escolha inicial para nos tornar homens livres e leves e, portanto, capazes de estar na estrada, compartilhando a sorte de Jesus.

Esta operação, porém, não foi tanto ou tão somente um ato econômico ligado a bens materiais a serem abandonados, mas mormente existencial, isto é, conectado a um modo de sentir-se e relacionar-se. Isto é o que estabelecem a segunda e terceira citações evangélicas do *Proto-regra*: homens no caminho com Jesus porque são livres e leves, enquanto capazes de negar-se a si mesmos para abraçar a própria cruz (Mt 16,24), e depois livres e leves das relações humanas e parentais fundadas no domínio e no interesse recíproco e não no dom gratuito (Lc 14,26). Esta forma "bela" de vida de estar junto com Jesus constituía, segundo a última passagem bíblica, o caminho para chegar à vida, àquela cem vezes maior e que dura por toda a eternidade (Mt 19,29). Portanto, pode-se afirmar que nos quatro textos evangélicos Francisco havia encontrado e condensado o núcleo da "beleza" contemplada no Evangelho que assumiria como "forma" de vida para si e para os seus irmãos.

A esta escolha de base, "programada" pela *Proto-regra*, foi adicionada depois uma série de breves e simples concretizações acerca de alguns âmbitos da vida: as relações internas da fraternidade caracterizadas por laços circulares de serviço mútuo, a posição marginalizada entre os pobres e os excluídos e, por fim, a paixão de andar por um mundo submisso a todos, para, assim, anunciar com eficácia e credibilidade a paz do Evangelho. É provável que, depois de ter estabelecido qual seria o núcleo evangélico, o primeiro grupo de frades tivesse acrescentado ao breve texto alguma norma de vida cotidiana. Tudo isso, porém, de modo muito simples, porque uma verdade orientava a convivência deles: não tinham necessidade de muitas leis, pois o Evangelho constituía a verdadeira e única norma da sua vida. Nele, a fraternidade encontraria as normas específicas, cada vez que desdobrasse a beleza do seguimento de Jesus, de maneira que ele fosse a forma segundo a qual estivessem juntos e o estilo segundo o qual percorressem o mundo.

2. No início tudo era, portanto, simples e fácil: eram poucos e felizes por não terem nada senão a alegria de serem testemu-

nhas de uma liberdade e de uma leveza obtidas no Evangelho. A sua história se assemelhava à que Jesus contou da semente lançada na pobreza da terra: ela brota e cresce sem que o semeador saiba "como" isso acontece (Mc 4,27); algo similar acontecia com a sua pequena experiência, a qual, como se fosse um grão de mostarda, a menor entre as sementes, tornou-se, apesar disso, uma árvore tão grande que permite a muitos homens nela encontrar novidade, refúgio e salvação (Mt 13,31-32).

Os desenvolvimentos imprevisíveis daquela experiência, no entanto, obrigaram os frades a enfrentarem questões cada vez mais numerosas e complexas quanto ao modo de adaptar a sua identidade inicial às novidades que encontravam ao longo do caminho. O meio para resolver estas dificuldades foram as reuniões anuais nas quais, mediante uma discussão aberta e "democrática" acerca dos problemas encontrados, todos decidiam quais soluções tomar. Por meio desses encontros, os quais se denominavam capítulos gerais de Pentecostes (porque se celebravam na proximidade da solenidade), os frades estabeleciam normas específicas, as quais se acrescentavam, progressivamente, ao texto inicial, breve e simples. Pode-se, portanto, imaginar que a *Anterregra* cresceu com o tempo, englobando em si as decisões tomadas de ano em ano pelos frades. Por quase dez anos a Anterregra deles fora uma "regra em formação", a qual se compunha de um texto de base que o papa aprovara oralmente e de outras normas que se acrescentaram, a fim de que se ajustasse o projeto de vida às novidades que o seu desenvolvimento produzia. Era a vida que orientava a formulação progressiva das normas; e estas, por consequência, davam-lhe uma forma comum entre os frades, forma que anunciavam aos demais.

3. Todavia, a simplicidade do início, gerada e ampliada anualmente nas assembleias gerais, não bastava mais: ocorria que o texto não só tinha uma forma definitiva, mas fosse reconhecido definitivamente pela Igreja. Disso dependiam, de fato, seja a unidade, seja a serenidade do grupo, bem como a possibilidade de realizar com eficácia o serviço pastoral entre as pessoas.

Em 1221 houve a primeira tentativa de elaboração de um texto jurídico para fazer "carimbar", ou seja, ser aprovado pelo papa. Francisco, ajudado pelos outros frades, reorganizou as normas que eram dadas ao longo dos anos para torná-las um texto bem-organizado e definitivo. O resultado foi a redação de vinte e quatro capítulos nos quais eram reunidos, segundo um desenvolvimento temático, as normas antigas, as quais depois o santo acrescentou também três amplos capítulos finais de natureza admoestativa, isto é, quase um sermão exortativo final dirigido aos seus frades. Com aquele texto, preparado para a confirmação papal, Francisco reiterava e confirmava, com efeito, a validade do estilo do início, isto é, a intuição que lhe foi revelada por Deus e que naquelas normas havia encontrado a concreta forma de vida.

Aquele texto, "precioso" para Francisco, não o era para muitos frades, em particular para os frades ministros e os frades eruditos pertencentes à segunda geração e agora dispersos em diversos territórios com novas situações sociais e eclesiais. É muito provável que, acerca daquela minuta, a qual Francisco redigiu e propôs durante o Capítulo, se tenha suscitado acesa discussão. As críticas dos frades corriam a distância entre aquele texto "antigo" e as "novidades" que a fraternidade vivia e era chamada a enfrentar. Talvez aquelas normas correspondessem ao estilo minoritário da primeira fraternidade, mas não eram adequadas aos últimos desenvolvimentos do grupo e aos compromissos pastorais exigidos pela Igreja. Os frades olhavam demasiado para o passado, mas não interceptaram o presente, de modo que não conseguiam dar "ordem" a um grupo que não era mais de poucas unidades, mas representava uma multidão de tantos frades presentes além do Alpes. Para os frades ministros e os frades eruditos a solução era abandonar aquele texto para adotar uma das Regras monásticas antigas, pois estas eram mais capazes de "ordenar" a vida do grupo minoritário e, desse modo, poderiam transformar aquela que era agora uma "fraternidade" dispersa pelos caminhos como pobres forasteiros e peregrinos numa "Ordem" com estruturas mais conventuais e clericais.

Uma prova evidente das tensões que estavam vivendo a respeito daquela formulação da *Regra* está presente no último capítulo; nela, é Francisco que toma a palavra em voz própria, colocando em ação um duplo registro linguístico com a firme intenção de "convencer" os frades a não desejarem outra *Regra*:

> Em nome do Senhor! Rogo a todos os meus frades que aprendam o teor e o sentido das coisas que estão escritas nesta vida para salvação de nossa alma e que, frequentemente, as tragam à memória. E imploro a Deus que Ele, que é onipotente, trino e uno, abençoe todos os que ensinam, aprendem, conservam, recordam e praticam estas coisas todas as vezes que repetem e fazem o que aí está escrito para salvação de nossa alma, e rogo a todos com o ósculo dos pés, que as amem muito, guardem e conservem.
>
> E da parte de Deus onipotente e do senhor papa, e, por obediência, eu, Frei Francisco, mando firmemente e imponho que das coisas que estão escritas nesta vida, ninguém suprima ou lhes acrescente algum escrito nela mesma nem os frades tenham outra regra (RnB 24,1-4).

Ao desejo dos frades de terem outra *Regra*, o santo opõe sua firme vontade, a qual é expressa mediante uma fórmula jurídica inapelável: aquela era e devia ser a sua única *Regra*, portanto "que os frades não tenham outra Regra".

4. Naquela discussão, no entanto, intervém também o Cardeal Ugolino de Segni, a figura eclesiástica mais importante da época. Parente do falecido Papa Inocêncio III e braço direito do recém-eleito Honório III, ele desempenhou uma função crucial para levar adiante a reforma da Igreja desejada em 1215 pelo Quarto Concílio de Latrão, encontro ecumênico cuja importância é comparável à do nosso Vaticano II. O sumo prelado e grande canonista Ugolino, cardeal de Óstia, tinha entendido que os novos movimentos religiosos, aos quais pertenciam os frades pregadores e os frades menores, constituíam uma grande oportunidade dada pelo Espírito Santo à Igreja para alcançar alguns dos grandes objetivos pastorais estabelecidos pelo conselho: a promoção da cultura com a criação de escolas locais para uma preparação mais adequada dos sacerdotes, bem como a pregação ao povo para, desse modo, renovar a qualidade da vida moral e cultual dos fiéis. Para ambos os objetivos, uma forte ajuda poderia advir da força cultural e moral presente dentro dos novos movimentos religiosos.

A sua amizade era segura e profunda não só com o Frei Domingos de Gusmão, mas também com o Frei Francisco de Assis. A respeito deste último, é o mesmo prelado que, tornando-se papa em 1227 com o nome de Gregório IX, conta na bula *Quo Elongati*, enviada a toda a Ordem em 1230, que não era apenas amigo de Francisco, mas também próximo dele durante a elaboração da *Regra*.

Para superar, de fato, a firme contrariedade do santo, os frades reunidos no Capítulo das Esteiras, celebrado em Assis em 1222, revoltaram-se diretamente contra o prelado, o qual também estava presente nos trabalhos em relação ao episódio da *Compilação de Assis*. Segundo a história, os ministros conversaram com o cardeal a fim de convencer Francisco a aceitar uma das Regras tradicionais, isto é, aquela de Bento, de Agostinho, de Bernardo ou de Basílio, "que prescreviam esta ou aquela outra norma a fim de conduzir para uma vida religiosa bem-ordenada" (CA 18). A resposta dada por Francisco, para motivar sua firme recusa àquele pedido, reiterando a proibição de ter outro texto dado no último capítulo da *Regra não Bulada*, impossibilitava qualquer réplica:

> Irmãos meus, irmãos meus, Deus me chamou pelo caminho da humildade e me mostrou o caminho da simplicidade: não quero que me falem de nenhuma Regra, nem de Santo Agostinho, nem de São Bernardo, nem de São Bento. O senhor me disse que queria que eu fosse um "moço doido" no mundo; e Deus não quis conduzir-nos por outro caminho, mas por esta ciência! (CA 18).

Apenas a autoridade eclesiástica e a tenacidade diplomática de Ugolino lograram desatar o impasse, pois ele se fez mediador de uma composição: não outra *Regra*, mas a reescrita da precedente, na qual se tentaria conciliar exigências diversas e, de algum modo, opostas. Com a sua autoridade teria se colocado no meio das duas almas da fraternidade: a de Francisco, com o seu vínculo aos ideais iniciais, e a dos frades ministros e doutos, os quais eram movidos pela exigência de um repensamento quanto a diversos elementos da vida interna e da sua atuação apostólica. O confronto deveria recomeçar, e o ponto de partida seria o texto precedente, a fim de que se procedesse a uma reescrita orientada por caracteres jurídicos mais precisos e por soluções mais adequadas às novas exigências.

Francisco aceitou em retirar o comando a partir do qual havia imposto por obediência a todos os frades a precedente *Regra* e tomou a sua pena colocando-se em diálogo humilde e paciente com as outras necessidades, reconhecidas, no final, como igualmente legítimas e necessárias. Necessitava recomeçar no caminho, em busca de novas respostas, se, todavia, abandonar o sonho "de viver segundo a forma do santo Evangelho".

A resposta definitiva da Regra Bulada

Iniciou-se, portanto, uma de reescrita com várias mãos: de um lado, Francisco, com a sua sensibilidade ligada ao estilo menorítico dos primeiros anos de vida e, do outro, como tínhamos já referido, os frades responsáveis pela Ordem, os quais foram apoiados por Ugolino, em favor da uma releitura do texto em sintonia com as necessidades pastorais da Igreja e atenta às novas problemáticas colocadas em evidência pelos ministros. Muitos dados históricos desse trabalho redacional permanecem desconhecidos: não sabemos, de fato, seja quando começaram a trabalhar no texto, seja onde o fizeram, bem como quanto tempo durou a elaboração. As fontes a respeito deste ponto da história dos frades menores não dizem muito, de modo que não permitem uma reconstrução precisa e segura. Por certo, sabemos apenas que em 29 de novembro de 1223 o novo texto fora aprovado pelo papa e que, em fevereiro do ano seguinte, o documento pontifício foi enviado a Assis: nascia a *Regra Bulada*.

1. O texto reduzia drasticamente a versão anterior, pois passava de vinte e quatro para apenas doze capítulos. Dos resultados textuais nota-se que o trabalho redacional tomava, de cada vez, a formulação precedente por ponto de partida, para que nela se procedesse a uma reelaboração multiforme, a qual, além de manter inalteradas algumas formulações, eliminava muitas passagens; outras, reformulava; e acrescentava soluções jurídicas novas.

As revisões do texto são múltiplas. Cumpre recordar apenas algumas, a fim de que se tenha uma ideia geral das diversas direções que o trabalho redacional adotou. Em primeiro lugar, para a acolhida dos candidatos, até aquele momento sempre recebidos "com benevolência" (RnB 2,1), foi estabelecido um exame atento, seja da sua fé católica, seja das suas condições de vida para verificar não só a legitimidade social, mas também a adequação da nova condição religiosa (cf. RB 2,1-6). Entre os temas reformulados estão também o uso do dinheiro (cf. RB 4), o modo de trabalhar (cf. RB 5) e a esmola (cf. RB 6): a importância da identidade destes elementos, relativos à sua opção pela pobreza, devia adequar-se e conciliar-se melhor com as novas necessidades pastorais da Ordem. Outro ponto importante foi a organização interna da fraternidade, em particular o modo como se tratava o pecado dos frades. Introduziu-se procedimento penal preciso e objetivo (cf. RB 7). Interessante, de fato, foram as mudanças introduzidas em relação à pregação (cf. RB 9) e ao compromisso missionário entre os infiéis (cf. RB 12) nas quais, para promover a eficácia pastoral das atividades dos frades, eliminaram-se os pedidos anteriores em que, por exemplo, como diremos mais adiante, os frades enviados entre os infiéis eram ordenados a ser-lhes submissos (cf. RnB 16,5-6).

Muitos são, portanto, os elementos textuais do multifacetado e exigente trabalho redacional efetuado pelos frades ministros na reformulação do texto antigo a fim de libertá-lo do evangelismo desencantado que corria o risco de perder aquele realismo saudável, o único que pode tornar o Evangelho possível e eficaz.

2. A par da pena dos frades ministros houve, porém, também a de Francisco, o qual, quanto à Regra bulada, permaneceu, seja destinatário, seja coautor. De enorme importância é o título com que a Cúria romana abriu a bula: "Honório, bispo, servo dos servos de Deus, aos amados filhos, Irmão Francisco e aos outros irmãos da Ordem dos Frades Menores" (RB prol.). Enquanto o santo já tinha renunciado à direção da Ordem em 1220, confiando a tarefa de ministro-geral a Pietro Cattanei (que permanecerá no cargo até o ano seguinte para ser substituído pelo Frei Elia), é a ele, todavia, que o documento é endereçado, no qual não se utiliza, como era de *práxis* na Cúria Romana, um título de governo aplicado ao seu nome para justificar aquele envio pessoal, mas tão somente a "Irmão Francisco". Podemos considerar agora que ele recebeu o documento não para o cargo de autoridade que estava desempenhando, mas unicamente porque "Frei Francisco" era o reconhecimento oficial da sua função inspiradora e, portanto, diretiva.

É necessário acrescentar outro fato quanto à presença ativa do santo na escrita do texto, aspecto que exclui a hipótese de que Francisco sofrera alguma imposição. Os sinais da sua participação pessoal são, de fato, claros e evidentes. O primeiro a recordar é a frequência com que ao longo do texto ele intervém na primeira pessoa, utilizando, sobretudo, verbos de autoridade que lhe são muito caros: “Eu os advirto e os exorto” (RB 2,17; 9,3: 10,7); “conselho, [...] advirto e exorto os meus frades no Senhor” (RB 3,10); “comando com firmeza” (RB 4,1; 11,1); e, enfim, “ordeno por obediência aos ministros” (RB 12,3).

Não só na forma verbal, mas também nos conteúdos de algumas passagens se reconhece a escrita do santo, em particular para as formulações textuais repletas do seu espírito pouco jurídico e muito evangélico. Recordam-se aqui apenas algumas, todas conexas às relações especiais que os frades devem manter, tanto entre si como quando vão pelo mundo, por meio das quais, no seu modo de vida, sempre e para com todos, dão prova de serem “frades menores”, isto é, homens que renunciaram a toda forma de poder, para que o dom e a misericórdia se tornem o novo critério relacional e pastoral.

3. Comecemos pelas indicações a respeito da vida fraterna, nas quais notamos, sem sombra de dúvida, não só a continuidade com o texto anterior, mas também a mesma sensibilidade de Francisco, atestadas em seus outros escritos.

O primeiro texto, nós o encontramos no capítulo VI, dedicado à esmola, instrumento por meio do qual um frade é chamado para cuidar das necessidades dos outros. A síntese metafórica da proposta é colocada ao final do capítulo; quando vem inserida a metáfora da mãe, é inserida como “norma” a ser observada em casos de necessidade:

> Em todo lugar em que estiverem os frades e vierem a encontrar-se, mostrem-se familiares entre si. E com segurança manifeste um ao outro sua necessidade, porque, se a mãe ama e nutre o seu filho carnal, quanto mais diligentemente deve cada um amar e nutrir seu irmão espiritual? (RB 6,7-8).

No texto se reafirma, com outras palavras, o conteúdo do que já se dissera na *Regra* precedente:

> E com confiança, manifestada um ao outro a própria necessidade, para que o outro encontre as coisas que lhe são necessárias e as dê a ele. E que cada um ame e alimente o seu irmão, como uma mãe ama e nutre o seu filho, em todas as coisas a qual Deus lhe dará graça (RnB 9,10-11).

Em ambos os casos, a força da formulação residia precisamente na metáfora da mãe, apresentada como uma referência não estritamente jurídica, mas ideal, para qual os frades deveriam recorrer quer para compreender de vez em vez as situações, quer para escolher as vias mais adequadas para ajudar o irmão naquela determinada necessidade.

Algo semelhante também se encontra na conclusão do capítulo dedicado à gestão penal dos pecados na fraternidade. Neste, depois de algumas "necessárias" transformações de natureza mais canônica e jurídica do texto precedente, relativas ao modo como se devia intervir em relação aos frades pecadores, a fim de que se substituíssem, como já se indicara, soluções demasiado evangélicas, perigosas nesta matéria tão delicada, acrescentou-se, porém, um versículo final, retomado do texto da *Regra* precedente, com o qual se reafirma algo essencial daquela disposição evangélica:

> E devem evitar ficar zangados e aborrecidos com o pecado de alguém, porque a ira e o aborrecimento impedem a caridade em si próprios e nos outros (RB 7,3).

Imagino que terão discutido se deveriam abandonar esta exortação que, no capítulo V da *Regra* anterior, deu origem a um amplo tratamento a respeito dos sentimentos exigidos nos confrontos dos frades caídos no pecado. Era necessário lembrar desse aspecto? Um bom jurista teria de poder observar, com efeito, que o importante não eram os sentimentos que moviam o ministro, mas a precisão da ação penal de aplicar o que estava previsto. Para Francisco, porém, aquele adiamento final era de valor absoluto, posto que lembrava aos frades uma coisa que tinham aprendido do Evangelho: todo procedimento penal que não seja animado pela caridade estava destinado apenas a punir, mas não a devolver a vida.

Em consonância com esta formulação está também a organização da autoridade e do governo dentro da fraternidade proposta no capítulo X. O princípio fundamental, para conceber e para articular este aspecto essencial, reside na circularidade das relações, segundo a qual os frades "ministros e servos" (os que tinham o governo) e os frades "súditos" (todos os demais) eram chamados a uma reciprocidade nas relações, livre de toda supremacia e de todo poder (cf. RB 10,1-3). Emblemática era a solução proposta para o caso dos frades que "já não conseguem observar espiritualmente a *Regra*" (cf. RB 10,4). A sugestão oferecida pelo texto ao ministro quanto a como acolher e gerir o problema não é só paradoxal, mas também certamente contrária a todo método "normal" de governo:

> Os ministros, então, acolhiam-lhe com caridade e benevolência e usavam nos seus confrontos tanta familiaridade para que possam falar com eles e fazer como os senhores com os seus servos; na verdade, é assim que deve ser, que os ministros sejam servos de todos os frades (RB 10,5).

Aqui não existe uma lógica jurídica, mas apenas evangélica, a única que entre os frades pode assegurar a "familiaridade", isto é, aquele clima identificativo, segundo Francisco, de um grupo de homens que se proclamam filhos de um Pai celeste e que, por isso, querem viver como irmãos entre si, em que o maior se faz servo de todos.

4. O segundo âmbito no qual emerge agora a lógica evangélica de Francisco está ligada à natureza das relações que os frades deviam viver quando vão pelo mundo, mostrando a todos a "forma" de vida de Jesus.

No que tange a este tema limitamo-nos a duas passagens, ambas formuladas na primeira pessoa pelo santo. A primeira está presente no capítulo II e está ligada a um tema aparentemente secundário: o risco de que o hábito usado pelos frades se torne o oposto do seu significado. Na *Regra não Bulada* do final do mesmo capítulo II, dedicada à acolhida de novos membros, já se havia tratado da questão da forma do hábito e da sua qualidade pobre e vil; nesse caso, o texto foi encerrado com esta exortação particular: "E mesmo que sejam acusados de hipócritas [pelas suas roupas], todavia não deixem de fazer o bem" (RnB 2,15). A nova formulação inverte esta conclusão na medida em que as roupas pobres e vis, de início difíceis de usar devido ao risco de serem acusados de hipócritas, entretanto tornaram-se famosas e poderosas porque eram as dos "frades menores", agora ricos em sua pobreza; o pedido, feito pessoalmente por Francisco, é, de fato, indicativo da nova situação e dos riscos que os frades corriam precisamente por causa da sua pobreza:

> Advirto-os, porém, e exorto-os a não desprezarem e a não julgarem os homens que veem vestidos com roupas macias e coloridas e usando comidas e bebidas delicadas, mas antes que cada um julgue e despreze a si mesmo (RB 2,17).

O segundo texto está em continuidade com a mesma pergunta, pois especifica de modo definitivo qual deveria ser a identidade dos frades nos seus caminhar entre o povo. Mais uma vez, é o próprio Francisco quem toma a palavra, pedindo-lhes que prolonguem com todos os que encontrarem pelo caminho a sua escolha de serem "menores" e "submissos", segundo a forma do santo Evangelho que haviam abraçado. Estamos no capítulo III da *Regra*, no qual, depois de ter falado de dois compromissos religiosos presentes na vida dos frades, como a oração do ofício e o jejum (cf. RB III 1-9), conclui-se com a introdução, quase furtiva, da questão de como andar pelo mundo, considerando-a, de algum modo, como a aplicação concreta daqueles dois atos religiosos: se orar e jejuar não favorecessem um estilo de minoridade entre o povo, teriam sido gestos e compromissos que não foram apenas inúteis, mas realmente enganosos. Para compreender, porém, conforme solicitado aqui, é preciso dar um passo atrás e regressar à estratégia "escandalosa e arriscada", a qual já havia acentuado e que fora imposta pela *Regra* anterior aos frades que "por inspiração divina desejarem ir entre os sarracenos e outros infiéis" (RnB 16,3); nesse caso, pedia-se um primeiro método a ser aplicado sempre e em qualquer lugar:

> Um modo é que não façam nem litígios nem contendas, mas estejam submetidos a toda criatura humana por Deus e confessem que são cristãos (RnB 16,6).

Na nova formulação, quando o tema é retomado, desaparece aquele pedido de submissão aos infiéis (cf. RB 12); alguém, quiçá o Cardeal Ugolino, fizera notar a Francisco que o que se determinara no texto antigo era não apenas arriscado para a vida dos frades, mas nem sequer respeitoso do Evangelho, cuja verdade não podia nem devia sujeitar-se aos infiéis. O santo não insiste em tornar a propor aquele método, não só por causa das prováveis objeções que recebera, mas também porque já o dissera e o antecipara noutro passo, no início do documento, no qual não apenas reafirmara aquela lógica invertida, mas também a ampliara e a precisara ainda mais:

> Aconselho, porém, admoesto e exorto meus frades no Senhor Jesus Cristo que, quando vão pelo mundo, não litiguem nem contendam com palavras, nem julguem os outros; mas sejam amáveis, pacíficos e modestos, mansos e humildes, falando a todos honestamente, como convém (RB 3,10-11).

O que se acrescenta logo a seguir permite-nos compreender perfeitamente o significado daqueles pedidos: "*Em qualquer casa em que entrem, digam primeiro: Paz a esta casa*" (RB 3,13). A sua forma de vida, livre de rivalidades e de poder exercido em nome do Evangelho, constituía a única possibilidade de anunciar a paz, posto que, com esse modo de agir, tornaram-na não só crível, mas também visível.

O caminho do Evangelho que Francisco nos legou

A história da redação da *Regra* deixou algumas indicações interessantes quanto ao valor que ela tinha para Francisco em relação à sua escolha de seguir o Evangelho.

1. O primeiro legado que provém da história da *Regra* relaciona-se com o espírito com que Francisco reescreve o texto jurídico, propondo-o ainda como caminho para o Evangelho. De uma coisa é preciso estar ciente: se é verdade que o caminho do Evangelho precisa de uma "regra", é igualmente verdade que

esta não será mais definitiva e absoluta, mas permanece aberta à necessidade de processos de reescrita, os quais são condicionados pela novidade e pela imprevisibilidade da vida. Francisco foi educado precisamente com esta consciência.

O que aconteceu no texto dos frades menores evidencia um dado interessante: as formas jurídicas específicas não devem mais tornar-se "absolutas", isto é, únicas, válidas e sempre iguais para todos; em tal caso, aquela formulação, além de se transformar em ídolo, cuja crítica faria descartar inevitavelmente a rivalidade e, talvez, também a violência contra aqueles que pediram outra coisa, negaria a própria chamada do Evangelho para estar no caminho, atrás daquele pobre que apenas na cruz, negado por tudo e por todos, poderia verdadeira e definitivamente transformar-se em Regra para cada um que quer tornar-se "homem", isto é, filho de Deus e irmão dos outros.

As normas são importantes somente na medida em que permanecem abertas e ao serviço da vida para aquela realidade, isto é, variável e imprevisível. Só assim a *Regra* e todas as normas da vida cristã – recorda-nos o Irmão Francisco – continuarão a ser o caminho do Evangelho e o caminho para o Evangelho.

2. Ele havia compreendido em sua pele, isto é, experimentado o risco de torná-lo absoluto, a ponto de quase se tornar um proprietário. Se não tivesse aceitado reescrever o texto e permanecesse firme no pedido absoluto de não ter outra *Regra* diferente daquela antiga, seria negada, talvez sem perceber, sua identidade evangélica, dado que se tornaria proprietário da sua formulação, defendendo-a e impondo-a como a única "desejada por Deus". Francisco o sabia: com um caráter tão semelhante àquele de seu pai, Pedro de Bernardone, não lhe

era fácil manter-se livre e desembaraçado; sobretudo quando estava em causa algo essencial para a sua vida.

E agora, talvez, ter graças a esse trabalho redacional, impulsionado pelos fatos e obrigado pelo Cardeal Ugolino, o santo terá desmascarado dentro de si o perigo de trair a "vida segundo a forma do Evangelho", ter defendido e imposto como única e absoluta aquela "sua" forma inicial. Pelo contrário, aquela escolha evangélica seria feita somente se fosse para voltar ao início, acolhendo a diversidade dos outros. Aceitar pôr-se em diálogo, sem se apropriar da forma, significava verdadeiramente "viver segundo a forma do Santo Evangelho", seguindo Cristo e sem nada de próprio.

Em suma, mais do que no conteúdo específico da *Regra*, Francisco confirma a lógica do próprio Evangelho porque, ao aceitar reescrever o texto, nega ser seu proprietário a fim de reconhecer a sua natureza aberta.

3. O outro aspecto deixado como herança por Francisco na redação da *Regra* diz respeito à sua formulação evangélica. Como já foi mencionado, ele tinha compreendido que o espírito do Evangelho precisava da norma como "carne" histórica e forma concreta. Contudo, a nova reescrita não será tão somente uma *Regra* "jurídica", mas permanecerá uma *Regra* "evangélica".

Diversamente da de Bento, rica de setenta e dois capítulos amplos, no texto normativo dos frades menores sobressai, desde logo, a brevidade: não se pretendeu estabelecer normas específicas e minuciosas, destinadas a abranger todos os casos possíveis, como se fora um manual de instruções, passo a passo, para a execução de uma tarefa.

O objetivo era em vez de indicar a direção geral, deixar aos frades a responsabilidade de decidir os passos individuais. A

Regra definitiva de Francisco permanece, como a precedente, parca em mandamentos e em proibições precisas; em contrapartida, é rica em propostas evangélicas, oferecidas por meio de metáforas – em particular as do servo e da mãe – e por meio de paradoxos que subvertem a lógica aparente e comum da vida; são duas formas de linguagem pelas quais Francisco, de fato, constrangia cada pessoa a exercer liberdade unida a responsabilidade e esforço, a fim de dar concreção àquelas indicações "espirituais". A *Regra* mostrava a direção; ao frade cabia o esforço da sua realização. É possível até comparar a formulação adotada no texto a um tipo de mapa, do qual se colhe orientação em direção ao Evangelho, para que se reconheça qual seja a direção do caminho e, depois, para que se assuma o esforço da responsabilidade pessoal e comunitária, ao escolher os melhores trajetos e os passos concretos, com vistas a seguir Jesus com fidelidade.

Para concluir, o texto "evangélico" proposto por Francisco vai além dos conteúdos individuais, pois recorda uma verdade fundamental da nossa existência: cada verdade e boa regra de vida, mais que estabelecer e impor leis, numa ilusão de que a sua "observância regular" gera a perfeição da vida, deveria lembrar e indicar o sonho da qual esta é nascida, a fim de oferecer àqueles que a "observem" perspectivas para seus desejos e coragem para suas escolhas.

2
O Natal de Greccio: o caminho da humildade (1223)

A humildade do Natal

Na *Primeira Vida*, Tomás de Celano fornece a datação na qual ocorreu a representação organizada por Francisco, em Greccio, para celebrar o Natal: três anos antes da morte do santo (cf. 1Cel 84), isto é, em 1223. Estamos, portanto, no final daquele ano muito intenso, em que Francisco, depois de um período de hesitação, concordou em voltar ao caminho e reescrever a *Regra*. Apesar das dores e das tensões, aquele foi um tempo de graça, no qual ele havia defendido a sua forma de vida segundo o Evangelho não porque tinha imposto por obediência a "própria forma de vida", mas porque tinha permanecido atrás do humilde Jesus, pobre e menor, aceitando precisamente reescrever o texto. E por isso, depois de ter obtido da Igreja, no final de novembro, a aprovação do texto, o santo quis, no Natal daquele ano, ver com os olhos físicos aquela humildade que tinha guiado os seus passos, fazendo-o superar o risco de apropriar-se de sua intuição de vida.

O início da ampla e precisa história, narrada por Tomás sobre o ocorrido naquela noite em Greccio, fornece uma fundamental e preliminar informação acerca das motivações que moveram Francisco na representação do Natal:

> Sua maior aspiração, seu mais vivo desejo e mais elevado propósito era observar o Evangelho em tudo e por tudo, imitando com perfeição, atenção, esforço, dedicação e fervor os "passos de Nosso Senhor Jesus Cristo no seguimento de sua doutrina" (1Cel 84).

Belíssima a afirmação inicial, com a qual o hagiógrafo caracteriza toda a existência do santo, colocando-a também como explicação daquele gesto litúrgico organizado em Greccio: o Evangelho era o seu "desejo dominante". Contudo, não era, porém, simplesmente um texto, muito menos regras de vida para pôr em prática: o Evangelho para Francisco era uma pessoa a seguir e a imitar, ou seja, o Senhor Jesus Cristo. E assim, viver com ele e como ele era a resposta à Boa-nova que ressona dentro daquele texto.

Isto que se segue no relato de Celano confirma esta suposição, uma vez que sublinha o caráter pessoal e existencial do conteúdo do Evangelho; nisso, de fato, Francisco via o modo de vida de Jesus, o qual sintetizava em dois acontecimentos nos quais estava todo o mistério do amor de Deus pelo mundo:

> Estava sempre meditando em suas palavras e recordava seus atos com muita inteligência. Gostava tanto de lembrar a humildade de sua encarnação e o amor de sua paixão, que nem queria pensar em outras coisas (1Cel 84).

As "palavras" e "obras" narradas pelo Evangelho eram o desejo ao qual Francisco dirigiu a sua "afiada atenção" na leitura daquele texto. Os dois aspectos, porém, não estavam divididos nem justapostos, porque as "palavras" não eram uma doutrina, tampouco as "obras" uma moral, mas, como já foi dito, uma história precisa: Jesus em quem o Verbo se fez carne, mostrando-se como palavra visível e audível, e, assim, para comunicar a cada homem dois conteúdos incríveis e belíssimos acerca do mistério oculto de Deus.

As duas "Boas-novas" são resumidas precisamente por Tomás de um modo preciso, ligando à encarnação de Cristo e à sua paixão duas palavras identificadoras do santo, que são contempladas precisamente no Evangelho: "a *humildade* da encarnação" e "a *caridade* da paixão". No Monte Alverne Francisco verá, tocará e ouvirá a segunda, isto é, a caridade da paixão; em Greccio, uma vez fez a experiência da primeira, quando quis ver, tocar e ouvir mais uma vez a humildade do nascimento de Jesus.

Naquele período, nem tinha realmente necessidade, porque com isso teria levado ao cumprimento daquele caminho de humildade evangélica escolhido novamente ao aceitar reescrever a *Regra*. Já homem adulto, que tinha lutado para compreender sua identidade, formulando-a progressivamente no texto antigo, teria o desejo de se opor às tentativas dos frades de mudar aquela "forma". E, em vez disso, teve de aceitar voltar a ser criança, sem posses e sem poder, e recomeçar a partir da humildade do confronto, acolhendo não só a diversidade dos outros, mas também o seu poder de intervir em "sua" *Regra*. Celebrar o nascimento de Jesus, para reviver e contemplar a fragilidade e a humildade daquela criança, permitiu ao santo compreender melhor a preciosidade daquilo que de início julgou apenas como uma traição ou talvez um fracasso. Olhar para aquele estábulo e para aquela manjedoura permitiu-lhe olhar com esperança para a sua história que lhe havia pedido para voltar a ser criança e recomeçar de novo com humildade e confiança.

Aquela noite em Greccio e todos os dias no altar

1. O episódio de Greccio é contado também por São Boaventura de Bagnoregio. O autor, além de retomar e abreviar as informações oferecidas com abundância e precisão por Tomás de Celano, realiza um reposicionamento do valor do acontecimento, desclassificando-o como prova da eficácia milagrosa da grande devoção de Francisco a Jesus. O Natal de Greccio é narrado, de fato, dentro do capítulo X da *Vida hagiográfica maior*, sendo o episódio final de outros relativos ao "amor pela virtude da oração". Essa não era apenas profunda e contínua, mas também poderosa; demonstrava-o também o acontecimento de Greccio, na qual a devoção orante do santo na representação do Natal havia produzido acontecimentos maravilhosos, como a aparição extraordinária e milagrosa da criança na manjedoura de palha em que foi colocada. A conclusão a qual chegou o hagiógrafo de Bagnoregio é precisa: "Assim Deus glorifica em tudo o seu servo e mostra a eficácia da santa oração com evidência probatória dos milagres" (LM 10,7).

Em sua *Vida*, Tomás de Celano deu à história de Greccio um papel narrativo mais superior, tornando-a uma espécie de dobradiça entre a primeira parte de sua narração, dedicada às obras realizadas pelo santo nos primeiros dezoito anos de vida religiosa, e a segunda parte, mais curta, ligada aos dois últimos anos da história que serão abertas pela experiência no Monte Alverne. É possível quase dizer que, para Tomás, a experiência de Greccio foi a síntese de toda a história de Francisco e também a preparação para o ato final da sua conformação a Cristo. E assim, colocando a representação do Natal no final da vida do santo, os celanenses interpretaram o evento como o cumprimento de toda a existência vivida por Francisco no espanto contemplativo da humildade de Cristo e no desejo incontrolável de segui-lo naquele caminho.

E, de fato, toda a sua existência não foi outra coisa senão seguir os passos de Cristo, um seguimento iniciado quando "o próprio Senhor o conduziu entre [os leprosos]" (Test 2), fora de Assis, levando-o já para baixo, no vale abaixo, entre os últimos e os marginalizados; e continuou pelo resto da vida, animada e movida pelo desejo do Evangelho, do qual via as marcas cada vez que encontrava a humildade do amor e a simplicidade do dom. E ali, em Greccio, quis rever esta lógica evangélica no nascimento daquele filho, proclamando-a como síntese daquilo que tinha desejado e vivido: a humildade como caminho de vida.

2. Os acontecimentos daquela noite santa são narrados por Tomás, o qual evidência dois momentos: os preparativos (cf. 1Cel 84-85) para a celebração eucarística na qual Francisco, como diácono, leu o Evangelho e pregou ao povo (cf. 1Cel 86) e depois, quase como se fosse um apêndice, a "visão maravilhosa", vista por um "homem virtuoso", de Francisco na manjedoura segurando na mão uma criança despertada do sono (cf. 1Cel 86), acrescentando também os milagres realizados mais tarde pelo feno no qual a criança foi colocada (cf. 1Cel 87).

O núcleo fundamental da história celanense é certamente a celebração eucarística como espaço e tempo na qual a Palavra ressoou e nasceu. Neste contexto, Francisco ocupa o centro litúrgico, posto que realiza o seu serviço diaconal na leitura do Evangelho e na pregação ao povo. Vale a pena ouvir as belíssimas palavras utilizadas pelo hagiógrafo para descrever os sentimentos com os quais o santo viveu aquele momento:

> O santo vestiu dalmática, porque era diácono, e cantou com voz sonora o santo Evangelho. De fato, era "uma voz forte, doce, clara e sonora", convidando a todos às alegrias eternas. Depois pregou ao povo presente, dizendo coisas doces como o mel sobre o nascimento do Rei pobre e sobre a pequena cidade de Belém. Muitas vezes, quando queria nomear Cristo Jesus, chamava-o também com muito amor de "menino de Belém", e pronunciava a palavra "Belém" como o balido de uma ovelha, enchendo a boca com a voz e mais ainda com a doce afeição. Também estalava a língua quando falava "menino de Belém" ou "Jesus", saboreando a doçura dessas palavras (1Cel 86).

A humildade do menino, "rei pobre", tocou o coração de Francisco. Aquele simples nome de "Jesus", visto em Belém e proposto novamente em Greccio, transformava-o profundamente, fazendo-o tornar-se "uma ovelha entre as ovelhas" que baliam no presépio, e presenteando-lhe com uma indescritível doçura de mel nos lábios. Em Greccio voltou a ver e a ouvir uma notícia incrível, aquela que desde o início lhe tocara o coração, enchendo-o de emoção e de alegria: a humildade de Deus: Aquele que era "rei" se fez "pobre", e das alturas dos céus havia levado a sua casa para a "pequena cidade de Belém". O Altíssimo e Onipotente se definiu em um caminho de humildade para se tornar Emanuel, "o Deus conosco".

3. Esta lógica do agir de Deus em Jesus, vista e admirada com grande espanto no "presépio eucarístico" de Francisco e anunciada a todos naquela noite, corresponde perfeitamente ao que conhecemos dos seus escritos. Em particular, vale a pena recordar o que se lê na Admoestação I em que, com evidência e precisão, o santo liga o Natal ao mistério da Eucaristia:

> Eis que se humilha diariamente, como quando veio do trono real (Sb 18,15) ao útero da Virgem; vem diaria-

> mente a nós Ele mesmo aparecendo humilde; desce todos os dias do seio do Pai sobre o altar nas mãos do sacerdote (Ad 1,16-18).

Na Eucaristia, mais do que a Paixão de Cristo, isto é, o lugar do sacrifício expiatório feito a Deus para obter o perdão dos pecados, Francisco vê o Natal, isto é, o momento em que o Verbo se fez um dom humilde e pobre para ser de nós e conosco. A Eucaristia, como o Natal, não é, portanto, para o Santo de Assis, o mistério do ato sacrificial realizado pelo homem para apaziguar a ira de Deus ofendido pelo nosso pecado, mas do dom de uma presença humilde e gratuita feita para nós com o divino amor. Naquele gesto litúrgico ele vê o mesmo movimento de descida que o Verbo tinha realizado no ventre da Virgem, entrando no mundo como criança pobre e indefesa; naquele ato ritual realizado todos os dias no altar, ele ouve a mesma palavra que havia ressoado naquela noite em Belém.

O altar, portanto, mais do que o Calvário, é, para Francisco, a gruta de Belém. E é por isso que nas pobres mãos do sacerdote acontece novamente o que aconteceu no ventre da Virgem: daquela vez, tinham visto a humildade de uma criança, e todos os dias contemplamos a humilde simplicidade do pão.

A confirmação desta lógica natalina na celebração eucarística é oferecida em outro magnífico e decisivo texto de Francisco. Na carta enviada em 1224 a todos os frades reunidos no Capítulo, ele, dado que não pôde estar presente em virtude de grave doença, dirigiu-se aos frades sacerdotes, lembrando-lhes a tarefa que lhes fora confiada em suas mãos. E além de propor um lembrete sobre os seus "deveres" litúrgicos e morais nos confrontos do mistério celebrado, acrescenta também um texto de exultação e de louvor no qual a maravilha da "humildade de Deus", celebrada pelas suas mãos naquele sacramento, devia guiar os sentimentos com os quais realizam aquele mistério cotidiano:

> Pasme o homem inteiro, estremeça todo o mundo e exulte o céu quando, sobre o altar, na mão do sacerdote, está Cristo, Filho do Deus vivo (Jo 11,27). Ó admirável alteza e estupenda condescendência! Ó humildade sublime! Ó sublimidade humilde, pois o Senhor do Universo, Deus e Filho de Deus, de tal maneira se humilha que, por nossa salvação, se esconde sob uma pequena forma de pão!
>
> Vede, irmãos, a humildade de Deus e derramai diante dele os vossos corações (Sl 61,9); humilhai-vos também vós, para serdes exaltados por Ele. Por isso não retenhais nada de vós para vós mesmos, para que vos receba inteiros aquele que a vós se dá inteiro (Ord 26-29).

O texto é uma espécie de cântico de Natal que se liga ao evento eucarístico: o espanto e a maravilha tornam-se um convite ao louvor. A linguagem de Francisco torna-se exultação, expressa e comunicada mediante a utilização de paradoxos, os quais são capazes de fazer ressoar com mais evidência a maravilha de uma presença em que a sublimidade daquele que é o Altíssimo e o Onipotente se faz, a cada dia, humildade simples, para tornar-se pão e criança, ambos colocados incondicionalmente nas nossas mãos como presença de vida para admirar e guardar.

4. A esta primeira face do dom feito de maneira gratuita e revestido de humildade, na forma de Belém e do altar, isto é, na carne de Jesus e no pão eucarístico, deve corresponder a outra, identificada por Francisco na acolhida e na custódia. É isso que nos permite vislumbrar o encerramento do texto anterior enviado aos frades sacerdotes, recordando-lhes, com uma apai-

xonada exortação final, o fruto que deveria surgir do espanto natalício ao contemplar a "pequena aparência de pão". De fato, para que haja Natal – diz Francisco – é preciso que haja um lugar aberto que acolha, a fim de fazer nascer a humildade da Palavra: "abri vossos corações diante dele". O seu Natal exige não só um ventre para nascer e mãos abertas que o celebrem no altar, mas também um coração disposto a acolhê-lo e a conservá-lo. Para Francisco, o presente de Natal daquele que vem e quer ficar conosco exige um compromisso tão simples, quanto necessário, para que a humilde fragilidade da sua presença não só venha, mas também permaneça.

É por isso que fora lembrado aos frades no capítulo XXII da *Regra não Bulada*, em que o santo tenta descrever qual é o homem novo que devia surgir da observância daquele texto jurídico. Entre as diversas exortações, a mais importante é proposta com estas palavras:

> Mas agora, depois que deixamos o mundo, nada temos que fazer senão seguir a vontade do Senhor e agradar-lhe (RnB 22,9).

Isto implica um único e decisivo compromisso: guardar o coração e a mente para fazê-los um lugar sagrado, e isso acontece mediante um duplo movimento aparentemente inverso e, então, complementar: deixar tudo para aderir a Ele (saída) e fazê-lo vir dentro de nós (entrada). Pode, com efeito, suceder que se caia em distração, que se consinta o próprio "desvio" da sua presença e que, assim, se fique apartado dela:

> Por isso, irmãos todos, guardemo-nos muito, para que, sob a aparência de alguma mercê, ou obra ou ajuda, não percamos ou tiremos do Senhor nossa mente e coração (RnB 22,25).

Do movimento de saída de si, para que se adira com a mente e com o coração ao Senhor, segue, logo depois, o inverso, o acolhimento dele no coração e na mente: adere-se a ele (na direção dele) se se o acolhe em si mesmo (dentro de nós); assim, faz-se de si uma morada. É isso que Francisco conclui:

> E sempre façamos aí habitação e morada para aquele que é o Senhor Deus onipotente, Pai e Filho e Espírito Santo (RnB 22,27).

A Palavra, feita carne e de novo proclamada em cada anúncio do Evangelho e em cada celebração eucarística, chega definitivamente a nós – isto é, opera o Natal – somente quando produz assombro na mente e no coração e quando transforma o homem em sua habitação. Maria é a mulher do Natal e a irmã que indica a via da humildade para que nasça Jesus: Ele vem somente e verdadeiramente se encontra um espaço de acolhimento que o guarda como o ventre, habitação que o dá ao mundo, porque o gera em si. Daí se conclui que apenas a fé, animada pela caridade e cheia de esperança, pode levar o homem a que faça do seu coração e da sua mente um presépio vivo, uma habitação permanente dele. Então esse homem está salvo, pois, se guarda a Ele, guarda a si mesmo e se conserva no louvor e na letícia para com Deus.

5. É o que afirma o santo de Assis, com o cântico que encerra a longa oração de graças, posta precisamente como passo conclusivo da *Regra não bolada*. A observância daquela norma de vida não tinha outra finalidade senão a de ajudar o frade a fazer de si não só um lugar habitado pela presença da humildade de Deus, mas também um lugar capaz de guardá-la com fidelidade e atenção, a fim de chegar ao louvor e à ação de graças, as atitudes seguras de sua presença no coração e na mente:

> Nada, pois, impeça; nada se interponha; em toda parte nós todos em todo lugar, em toda hora e em todo tempo, todos os dias e continuamente creiamos veraz e humildemente e tenhamos no coração e amemos, honremos, adoremos, sirvamos, louvemos e bendigamos, glorifiquemos, e sobre-exaltemos, magnifiquemos e demos graças ao Altíssimo e Sumo Deus eterno, Trindade e Unidade, Pai e Filho e Espírito Santo, criador de tudo e salvador de todos que nele creem e esperam e o amam, que sem início e sem fim imutável, invisível, inenarrável, inefável, incompreensível, inescrutável, bendito, louvável, glorioso, sumamente exaltado, sublime, excelso, suave, amável, deleitável e todo mais desejável do que todas as coisas pelos séculos. Amém (RnB 23,10-11).

Em Greccio, Francisco quis rever e contemplar a humildade de Deus fazendo-se aparecer como "uma pequena criança" e "de pouco pão", para ser por nós, entre nós e em nós. Celebrar a Eucaristia naquela noite e proclamar o Evangelho de Belém significava, para o santo, rever e fazer acontecer mais uma vez aquela humildade de Deus que tocara e mudara o seu coração e a sua mente, fixando morada dentro dele como fonte de exultação. Por conseguinte, celebrar o Natal em Greccio significava para Francisco poder cantar novamente aquele cântico natalino de louvor e de ação de graças, colocado no final da *Regra*, e oferecê-lo como medida e verificação da vida nova dada pelo Evangelho e abraçada pelos frades.

Representar novamente aquela humildade natalícia

Gostaria de efetuar agora uma digressão narrativa e dirigir a atenção para uma proposta iconográfica relativa ao Natal de Greccio, patente na Tábua Bardi, obra pictórica de meados do século XIII, conservada na igreja franciscana de Santa Croce, em

Florença. A meu ver, o pintor – talvez Coppo de Marcovaldo – realiza uma interpretação magistral dos elementos que Tomás de Celano narrou e que Francisco de Assis reafirmou, quanto ao nexo direto e indissociável entre o Natal e a Eucaristia.

Antes, porém, de se tratar daquela imagem, passe-se à representação mais célebre do Natal de Greccio, isto é, à décima terceira cena do ciclo de Giotto na basílica superior de Assis. Neste caso, o pintor, ao retomar a abordagem narrativa de Boaventura, não opta por representar o momento da celebração eucarística, mas o outro, a saber, aquela maravilhosa visão da criança nas mãos do santo que, ainda vestido de diácono, está ajoelhado em frente ao presépio enquanto segura a criança viva. A cena mostrava, portanto, quais "milagres" a devoção de Francisco poderia realizar.

A solução iconográfica da *Tábua dos Bardi*, pintada várias décadas antes, colocava no centro o acontecimento eucarístico, tornando-o o motivo direto e único no fazer "aparecer" Jesus. Trata-se da sexta telha (do canto superior esquerdo) daquela obra. A pintura, pertencente à tradição franciscana das tábuas historiadas, apresenta uma rica, e ao mesmo tempo absolutamente interessante, série de vinte cenas que circundam a grande figura central de Francisco para contar a sua história. Entre estas, uma é dedicada, de fato, à história do Natal em Greccio.

Diferentemente do que haviam feito as narrações hagiográficas – e, ficando elas por fio de continuidade, como depois proporia Giotto –, o pintor efetua uma junção entre o ato litúrgico e a presença do menino vivo na manjedoura; a cena representa um sacerdote atrás do altar durante a liturgia, com Francisco ao seu lado, o qual, vestido com vestes de diaconais e com um livro na mão, está a proclamar o Evangelho. No mesmo momento, em frente ao altar, deitado por terra e guardado por um burro e um boi, está uma criança enfaixada e com os olhos abertos. A interpretação dada ao acontecimento é evidente: ao colocar o vivo anúncio do Evangelho durante a celebração eucarística ao lado da aparição de Jesus no presépio, o pintor está recordando a quem contempla aquela cena que os três momentos (Eucaristia, anúncio do Evangelho e Natal) estão intimamente unidos e acontecem todos os dias no altar.

A proposta feita da *Tábua dos Bardi* do evento Greccio apresenta também uma segunda série de notícias interessantes que se ligam ao papel desempenhado por aquela cena no contexto das outras; esta, de fato, pareceria ter uma dupla função: encerra a primeira série das seis telhas dedicadas a *conversio* (os eventos da conversão inicial) e abre a segunda das oito sucessivas dedicadas a *conversatio* (a conversação, entendida como uma atividade) do santo. Por um lado, portanto, desconsiderando a verdade cronológica do acontecimento (ocorrido, como já mencionado, três anos antes de sua morte), o Natal de Greccio é interpretado pelo pintor como a conclusão da mudança que ocorrera em Francisco no início, afirmando algo de muito interessante: naquele processo de conversão nasceu um homem novo, nasceu o "Irmão Francisco", gerado pela Igreja por meio de um caminho de escuta do Evangelho e de adesão a Cristo. Nele, realizou-se uma vez mais o Natal de Cristo. Ao mesmo tempo, aquela cena precede e abre as oito seguintes, as quais são colocadas na horizontal sob a figura do santo, em que são narrados alguns temas importantes da atividade apostólica de Francisco. Naquele contexto, o evento de Greccio constitui uma antecipação daquilo que então o santo realizará com suas palavras e ações: fará nascer Jesus no mundo, como precisamente o tinha feito naquela noite.

Neste segundo contexto, o acontecimento de Greccio representa a antecipação programática daquilo que Tomás, ao contrário, interpretara como o momento conclusivo e recapitulador da eficácia com que Francisco exercera a sua atuação apostólica; o celanense, com efeito, narra a visão que o nobre João tivera do menino vivo entre os braços de Francisco e, depois disso, observa o seguinte:

> E essa visão veio muito a propósito, porque o menino Jesus estava de fato esquecido em muitos corações, nos quais, por sua graça e por intermédio de São Francisco, Ele ressuscitou e deixou a marca de sua lembrança (1Cel 86).

Segundo o pintor da *Tábua dos Bardi*, a Boa-nova do Natal acerca da humildade de Deus mostrava, portanto, uma dupla verdade. Por um lado, narrava o nascimento de um homem novo em Francisco, uma vez que o Natal ocorreu no mesmo momento em que ele tinha escutado e acolhido no coração e na mente a humildade do amor de Deus nascido em Belém, como uma criança no ventre de Maria e presente todos os dias como o pão no altar nas mãos do sacerdote. Ao mesmo tempo, aquele novo homem, Francisco, será fonte de vida renovada naqueles que o teriam encontrado: o seu rosto, as suas palavras, o seu modo de agir repleto de "uma fé reta", uma "caridade perfeita" e uma "esperança certa", segundo o que foi pedido na *Oração diante do Crucifixo* (OC 1-5), o fez sinal e presença da humildade de Deus. Francisco, nutrido pela humildade evangélica, será, por toda a sua existência, presépio vivo no qual o Menino despertava aos olhos do mundo para ser admirado e acolhido nos corações e nas mentes dos fiéis.

O caminho da humildade que Francisco nos legou

A história de Greccio, quando se lê e quando se conserva em estreita relação com a Eucaristia, representa uma memória especial quanto ao valor absoluto dos "particulares", a saber, os simples e humildes, os quais não se veem senão com os olhos do coração. A vida se desenrola na fragilidade de uma criança recém-nascida e num pedaço de pão doado, em que aquela lhe pede para ser acolhida com carinho e atenção e este que seja o recebido com gratidão; ora, em ambos os casos se trata de dar vida à vida alimentando-a com humildade. A vida, de fato, nos vem doada, e pede para ser dada aos outros segundo a medida programática de uma criança pequena que nasce e de um pedaço de pão que é oferecido.

A humildade, que todos os dias vemos mostrada com simplicidade e pouca aparência no altar da vida cotidiana, exige, portanto, de cada um de nós, um olhar atento, capaz de reconhecer e discernir nele aquele que é a Humildade. Francisco nos lembra que essa humildade é o caminho por meio do qual o Senhor da vida vem a nós todos os dias, repetindo todas às vezes aquilo que aconteceu em Belém. E assim, todos os dias ele nos revela qual é o caminho seguro para devolver o valor eterno a isto, que está em nossas mãos, presente no cotidiano, e escondido naquela humildade que não é nada milagrosa porque é sempre a mesma. Ser treinado para reconhecer aquela aparência tão humilde quanto santa, olhar com atenção para dentro do estábulo de Greccio e para o altar da Eucaristia, em que se escutam os lamentos de uma criança e a pobreza do pão e da Palavra, é o pré-requisito e ajuda indispensável para "olhar para o além e para o outro", e, desse modo, reconhecer com espanto e acolher com disponibilidade e agradecimento a presença santa que se esconde em todas as formas de humilde vida cotidiana.

E esse homem, assim nutrido de humildade, será, por sua vez, um dom precioso para todos aqueles que ele encontrar ao longo do caminho; ele se tornará companheiro de viagem, e será uma pobre palavra que consola o coração e um pouco de pão partido que robustece a esperança.

3
A solidão do Monte Alverne: o caminho da caridade (1224)

Em busca do rosto glorioso que é a caridade

1. Temos escutado narrativas de Tomás de que Francisco tinha no coração e na mente dois desejos dominantes, guardados com zelo e fidelidade: ver a humildade da encarnação e admirar a caridade da paixão. Em Greccio, encontrou novamente a humildade de Deus que, no Menino em Belém e na Eucaristia no altar, tornava-se próxima e disponível, ou seja, colocou-se em nossas mãos partilhando a nossa humildade para lhe dar preciosidade e beleza. Em setembro do ano seguinte, em 1224, experimentará de modo renovado a caridade de Deus, manifestada no rosto crucificado e glorioso de Cristo visto e admirado no Monte Alverne.

Os acontecimentos ocorridos naquele local são contados e cuidadosamente resumidos por uma testemunha especial do Frei Leão, a qual resume os fatos na famosa coluna acrescentada a *Cártula* autêntica que lhe fora entregue como bênção e consolação por Francisco naqueles dias. Lemos o texto:

> Dois anos antes de sua morte, o Beato Francisco celebrou uma Quaresma no “lugar” do Monte Alverne em honra da Santíssima Virgem Mãe de Deus e do Santo Miguel Arcanjo, desde a festa da Assunção da Virgem

> Maria até a festa de São Miguel, em setembro; e a mão do Senhor desceu nele (Ez 3,22-23): depois da visão e das palavras do Serafim e da impressão dos estigmas de Cristo em seu corpo (Gl 6,17), ele fez esses louvores escritos do outro lado do pergaminho e escreveu-lhe de próprio punho, agradecendo a Deus pelo benefício que lhe foi feito (BnL 1-3).

Naquele monte alto e impermeável, aconteceu a Francisco e ao seu amigo algo muito importante. Para compreender aqueles dias especiais, em primeiro lugar, impõe-se dar um passo para trás ao tempo difícil que sucedeu a escrita da *Regra*. Apesar daquela reescrita, com efeito, não se haviam resolvido todos os problemas de convivência entre o santo e os outros frades: as fadigas permaneceram. É precisamente dentro dessas tensões que devem ser achados os motivos pelos quais Francisco foi àquele lugar solitário, para que ali passasse uma Quaresma de oração e de busca.

2. Para compreender o Monte Alverne, é preciso, então, partir de Santa Maria dos Anjos da Porciúncula. Reconstruímos os fatos e combinamos as diversas informações oferecidas pelas fontes. Na introdução, já mencionamos a notícia da "gravíssima tentação" vivida por um longo tempo (dois anos) "enquanto o santo Francisco morava no lugar da Porciúncula" (CA 63). Não se afirma com precisão qual era a sua natureza, mas envolvia toda a sua pessoa: "interior e exteriormente; espírito e corpo" (CA 63). A condição de perturbação era tão grave e profunda que produziu em Francisco realmente uma recusa à proximidade dos outros: "às vezes, evitava a companhia dos irmãos" (CA 63).

Num texto parabólico narrado ao Frei Leão enquanto estavam juntos em Santa Maria dos Anjos, é o próprio Francisco quem nos dá um indício quanto ao que aconteceu naquele lugar e quais foram as dificuldades vividas naquele tempo. Com o seu amigo desde o início, que lhe permaneceu próximo como irmão, secretário e confessor, quis partilhar a sua situação espiritual e humana que, como uma "tentação gravíssima", o tinha lançado ao desespero e tirara a sua alegria. Conversar sobre isso com ele, ainda que por meio de parábolas, ajudou-o a entender melhor o que estava sentindo e encontrar, quem sabe, um caminho de saída. Depois que, na primeira parte do relato, descreveu uma série de situações muito positivas e de êxito, que os seus frades e ele mesmo haviam produzido, e depois que afirmou que "em todas essas coisas não há verdadeira alegria" (PA 6), o santo passa a descrever em que lugar teria reencontrado a verdadeira alegria:

> Volto de Perusa e de noite profunda venho aqui e é tempo de inverno, barrento e tão frio, que se formam bolinhas de água fria congelada na barra da túnica e me batem sempre nas pernas, e corre o sangue dessas feridas. E todo no barro, no frio e no gelo, chego à porta, e depois que bati e chamei longamente, vem um frade e pergunta: Quem é? Eu respondo: Frei Francisco. E ele diz: Vá, não é hora decente de andar; não entrarás. E, insistindo de novo, ele respondia: Vá; tu és um simples e idiota; agora não vens a nós; nós somos tantos e tais que não precisamos de ti. E eu estou de novo à porta e digo: Pelo amor de Deus, recolhei-me esta noite. E ele respondia: Não o farei. Vá à casa dos Crucíferos e peça lá. Eu te digo que se eu tiver paciência e não me abalar, que nisto está a verdadeira alegria e a verdadeira virtude e salvação da alma (PA 8-15).

Esta era a "gravíssima tentação": a ruptura com os seus frades, os quais já não estavam tão de acordo com ele como no princípio, quanto às escolhas que se deviam assumir para que fossem "frades menores" naquela sociedade. A reescrita da *Regra* não tinha resolvido todos os problemas; pelo contrário: a diferença entre a "simplicidade" de Francisco e as novas exigências estavam criando uma divisão sempre mais evidente entre eles, semelhante a uma porta fechada, com a qual os outros o excluíam da Porciúncula, do lugar dos inícios, símbolo de um sonho de vida simples e humilde, mas que agora se tornou outra coisa. A metáfora parabólica da história tinha o seu centro naquela dura afirmação com a qual o frade o afugenta: "Agora somos muito diferentes: somos tantos e tais, enquanto tu permaneces fixo numa lógica simples e idiota, já não aceitável porque é ineficaz. Sai!"

Naquele momento e naquela situação, Francisco sabia perfeitamente qual era a solução para assumir e para viver a verdadeira alegria: "se eu tivesse paciência e não me aborrecesse" (PA 15). Seria possível a Francisco, que tinha somente a sua energia espiritual própria por sustento, viver com paciência e sem perturbação essa ruptura? As tensões já duravam havia tempo. Ele compreendera que a verdadeira alegria não brotaria da força com que impusesse a sua vontade aos outros, nem da tenacidade com que vivesse, por si, aqueles sentimentos impossíveis em tais condições. Sozinho, não teria conseguido dominar a ira nem o desalento.

Devia reencontrar e contemplar uma vez mais o rosto já visto no início em São Damião e revisto cada vez que se perdia o caminho da vida: teria de redescobrir o rosto daquele que da cruz olhava com os olhos da divina caridade. Para voltar a ter a verdadeira alegria, daquela que não dependia da situação ou dos sentimentos, devia rever com os olhos gloriosos de Cristo,

isto é, daquele que, mesmo na cruz, tornou-se definitivamente Filho de um Pai que está no Céu e irmão de todos os homens na terra. Só nele teria visto e obtido a verdadeira alegria de poder viver bem aquela porta fechada, ou seja, vivê-la "como uma graça", segundo as famosas e provocativas palavras que Francisco havia dirigido ao ministro para ajudar a superar as dificuldades relacionais com os seus frades (cf. Mn 2).

Tinha chegado o momento de subir novamente ao Monte Alverne, local que já havia visitado diversas vezes, ajudando-o sempre a levantar os olhos para o céu. Ali teria encontrado o rosto daquele que lhe daria a coragem de voltar a olhar para o vale com olhos de paz e com a capacidade de encontrar, com verdadeira paciência e humildade, os irmãos, sem nenhum risco de querer impor nem deles fugir.

Contudo, naquele caminho rumo à Sagrada Face, o Irmão Francisco quis envolver também o Irmão Leão, a quem não só pediu que ouvisse as suas angústias ocultas naquela parábola contada na Porciúncula, mas também que o acompanhasse naquele momento de tentação e tribulação, e, portanto, no tempo de descoberta e de desejo. A *Cártula* constitui uma prova segura da presença de Leão no Alverne ao lado de Francisco.

3. As informações deixadas por ele na rubrica acrescentada à *Cártula* são um importante ponto de referência para reconstruir o que aconteceu na montanha, em meados de setembro de 1224. Segundo nota o Irmão Leão, o santo do Alverne teve uma dupla experiência: ele viu e ouviu um serafim, e então recebeu os estigmas do Senhor impressos em seu corpo. Os dois momentos, o encontro com aquela figura celeste e as consequências no corpo de Francisco, estão em íntima continuidade.

Tendo chegado ferido pelos acontecimentos, bem como cansado daquela tensão no Alverne, Francisco esperava redescobrir o sentido daquilo que estava vivendo para não perder o sentido de sua própria vida. E isto só teria acontecido, como já foi mencionado, se ele tivesse redescoberto e visto novamente aquele que era a "forma" da sua existência. É muito bonita a imagem bíblica tirada de Ez 3,22-23, a qual Leão usa para descrever a surpresa de um encontro renovado: "A mão do Senhor veio sobre ele", por intermédio da beleza admirada na face de um serafim e da profundidade das palavras que isso o fez sentir em seu coração.

Quanto ao que Francisco viu naquela experiência do Alverne, Tomás de Celano forneceu detalhes interessantes para explicar os sentimentos não só de espanto, mas também de exultação, experimentados por Francisco:

> Experimentava um grande prazer e uma alegria enorme pelo olhar bondoso e amável com que o serafim o envolvia. Sua beleza era indizível (1Cel 94).

Com os olhos do coração e da mente, ele voltou a ver a Beleza, isto é, a caridade de Deus! Reviu, portanto, o que havia vivido no início em São Damião e depois novamente em São Severino Marche, no mosteiro das religiosas, de quem Francisco se tornara amigo[1] já em 1211. Nos dois lugares havia visto e admirado, por meio de sentimentos de "adoração e bênção", o rosto dos dois gloriosos crucifixos que se destacavam em ambas as igrejas; isto é, voltou a ver aquele "olhar lindo e doce", com os olhos abertos e cheios de glória, pois contemplava o rosto do Pai, resplandecente de amor e de caridade.

---

1. A este propósito, permito-me remeter o leitor a um estudo meu dedicado às duas cruzes; cf. Maranesi (2023, p. 21-96).

E naquele momento os olhos do serafim, com o mesmo olhar contemplado em São Damião, mostraram a Francisco a mesma Boa-nova que o havia transformado no início da sua história cristã. Eles não contaram "uma história de expiação", a qual seria necessária para satisfazer a ira de Deus que fora ofendido pelos nossos pecados; pelo contrário, anunciaram "uma história de comunhão" e de amor entre o Filho e o Pai. A cruz, como questão dramática acerca da paternidade de Deus e da filiação de Jesus, não só não conseguiu interromper o vínculo entre eles, mas o tinha consumado definitivamente. Jesus, no lugar e no instante em que tudo parecia negar a Palavra pela qual viveu e pela qual morreu, isto é, que Deus é caridade porque é Pai, viu e experimentou até o fim a paternidade de Deus, tornando-se definitivamente o Filho. Diante dele, no momento de sua entrega à morte, viu o rosto do Pai que, por sua vez, experimentou em si mesmo o que conta a parábola do Evangelho de Lucas a respeito do homem que esperava o filho mais novo que havia se perdido nos caminhos do mundo: "Estando ele ainda longe, seu pai o viu" (Lc 15,20). Os olhos de caridade e de amor daquele homem da parábola que esperava o filho porque o amava, foram os olhos vistos por Jesus na cruz. Naquele momento, em que Um se via no Outro, Jesus não só se tornou definitivamente o Filho predileto e eterno, mas também Deus se tornou Pai para sempre. A cruz tornou-se o lugar da glória, pois mostrou finalmente qual seria a Beleza de Deus, que é a Caridade do Pai e do Filho, aquela glória da beleza que na cruz tinha "resgatado o mundo".

Este "espetáculo" (Lc 23,48) visto e admirado por Francisco na face das gloriosas cruzes de São Damião e de São Severino, e, no Monte Alverne, teve a graça de revê-lo de novo "olhar belíssimo e doce" do serafim.

4. Viu aquele rosto glorioso e, por conseguinte, ouviu novamente as mesmas palavras que haviam tocado o seu coração no início, em São Damião.

Segundo as hagiografias, a partir da *Legenda dos três Companheiros*, na experiência que viveu na igreja de São Damião, Francisco escutou "palavras da cruz" que lhe confiaram um compromisso particular: "Francisco, não vês que a minha casa está em ruínas? Vai, pois, e restaura-a para mim" (LTC 13). A narrativa é então caracterizada pelo caráter excepcional da experiência mística da qual Francisco ouviu palavras especiais de uma missão que lhe foi confiada pelo crucifixo.

Se, porém, formos ao que o próprio protagonista contou no *Testamento*, parece que as palavras escutadas diante da cruz eram de um tipo muito diferente. Depois de ter narrado sua conversão, ocorrida entre os leprosos, "usou misericórdia" (Test. 1-3), o santo relata uma oração repetida em todas as igrejas onde esteve; é bem provável que esta fora formulada pela primeira vez em São Damião, lá onde se instalou depois de sair "do século" (Test 3), partilhando a pobre existência do sacerdote daquele lugar. Escutemos o texto orante, colocado em estreita continuidade por Francisco, com o dom da fé nas igrejas que lhe foi concedido por Deus naquele tempo inicial:

> Nós vos adoramos, Senhor Jesus Cristo, aqui e em todas as vossas igrejas que há em todo o mundo, e vos bendizemos, porque, pela vossa santa cruz, redimistes o mundo (Test 4-5).

As palavras de adoração e bênção da oração, usadas – creio eu – por Francisco em resposta e síntese daquela experiência de São Damião e, depois, ensinadas também aos frades para que as utilizassem todos os dias junto ao Pai Nosso (cf. 1Cel 45), foram despertados no seu coração não por conta de uma missão especial e única recebida de Deus, que o tornou especial e único para todos os outros, mas em virtude daquilo que fora ouvido no seu coração depois de ter visto com os olhos abertos o rosto crucificado: "porque, pela vossa santa cruz, redimistes o mundo". Ele não tinha escutado as "palavras da cruz", mas muito mais: "a palavra da cruz", aquela da qual fala Paulo, qualificando-a como "loucura para os que se perdem, mas para os que se salvam, para nós, é potência de Deus" (1Cor 1,18). O serafim o fez escutar novamente a mesma Palavra, repleta da Beleza de Deus, resplandecente na face do Cristo glorioso. A "felicidade viva e a alegria transbordante" (1Cel 94) vividas por Francisco diante do rosto daquela presença e na escuta das suas palavras não eram despertadas, portanto, por uma missão especial recebida e reafirmada por aquela aparição, mas pela escuta da mesma notícia que lhe havia tocado o coração no início e naquele momento lhe devolvia a verdadeira alegria: a palavra de caridade e de misericórdia que é Deus para cada homem.

No Monte Alverne, Francisco tornou a ver aquele rosto e tornou a ouvir a palavra da loucura de Deus, a qual, em Cristo, nos chamou filhos; a cruz lhe mostrava e proclamava de novo o amor de caridade do Pai para com o Filho, graças ao qual todos nós nos tornamos, para sempre e sem condição, filhos amados e prediletos.

O cântico de louvor à caridade de Deus

1. Portanto, para reencontrar em si mesmo a alegria do coração, Francisco precisou encontrar o caminho da carida-

de com o qual Deus nos tinha amado em Cristo. E assim, a visão e as palavras do crucificado e glorioso serafim realizaram nele o milagre: admirando e acreditando mais uma vez na palavra mostrada e pronunciada por aquele rosto de olhos abertos, ele conseguiu situar mais uma vez a sua "grandíssima tentação" na história do amor crucificado. E foi curado porque, graças a esse encontro, as suas feridas transformaram-se em estigmas de Cristo.

Ele poderia ter-se infeccionado mortalmente, porquanto subira ao monte com ferimentos no corpo e na alma, se tivesse passado da "perturbação" ocasionada pela recusa injusta dos irmãos à "ira" (Ad 13) violenta, a qual era alimentada pelo "direito" de fazer justiça para reaver o que injustamente lhe fora tirado. E, em vez daquela situação dramática, isto é, ambígua e crítica, tornou-se uma "graça" (Mn 2), porque lhe permitiu rever e escutar novamente a caridade misericordiosa de Deus, dando-lhe de novo a coragem de retornar-se àquela lógica do dom "segundo a forma do santo Evangelho que ele tinha abraçado no início". Este foi o verdadeiro milagre dos estigmas: as feridas que carregava foram entregues ao glorioso crucifixo e tornaram-se sinais de pertença à lógica de Cristo. Ali, no Monte Alverne, encontrando novamente a caridade de Deus, aquele homem, que se tornara forasteiro de si mesmo pela porta fechada com a qual foi expulso, voltou a ser "Irmão Francisco", ou seja, um homem de identidade cristã, que aceitava uma vez mais caminhar atrás de Jesus Cristo nu e sem poder. Tornou-se um pobre que carregava sobre si a cruz de Cristo e imprimiu em si os estigmas do Senhor, isto é, a sua lógica de vida com a qual amar sem pretensões a Deus nos outros e aos outros em Deus.

2. O louvor e a ação de graças que brotaram do coração e da mente de Francisco, então fixados no texto dos *Louvores ao Deus Altíssimo*, foram o sinal e o fruto da sua recuperação: a exultação fixada naquele texto foi à tradução em palavras da verdadeira alegria encontrada naquele lugar. O próprio Leão, ainda na sua coluna deixada na *Cártula*, conta qual foi o motivo da composição orante: "*fez estes louvores escritos do outro lado do pergaminho e escreveu-os de próprio punho, dando graças a Deus pelo benefício feito com ele*" (BnL 1-3).

Contudo, creio que aquele homem, curado das feridas porque estava cheio da caridade de Deus, quis escrever o breve e intenso texto não só para agradecer ao Senhor, coisa que poderia acontecer sem escrever, mas para fixar e conservar consigo o que havia visto e ouvido diante daquele espetáculo de caridade. O texto orante, escrito por Francisco no lado bom da pequena *cártula* de pergaminho (face hoje mais danificada por efeito do desgaste do uso que dela fez Leão, que o guardou até o fim da vida), ainda nos permite ler o conteúdo de trinta e um atributos dirigidos a Deus e ligados entre si por um refrão marcado por "Tu és". Leiamos a famosa oração de agradecimento:

> Vós sois santo, Senhor Deus único, que fazeis maravilhas (Sl 74,15).
> Vós sois forte, vós sois grande,
> Vós sois altíssimo, vós sois rei onipotente, vós Pai Santo (Jo 17, 11), rei do céu e da terra.
> Vós sois trino e uno, Senhor Deus dos deuses,
> Vós sois o bem, todo bem, o sumo bem, Senhor Deus vivo e verdadeiro.
> Vós sois amor, caridade; vós sois sabedoria,
> Vós sois humildade, vós sois paciência (Sl 70,5),
> Vós sois beleza, vós sois mansidão, vós sois segurança, vós sois descanso,

> Vós sois gozo, vós sois nossa esperança e alegria,
> Vós sois justiça, vós sois temperança,
> Vós sois toda nossa riqueza e satisfação.
> Vós sois beleza, vós sois mansidão,
> Vós sois protetor (Sl 30,5), vós sois guarda e defensor nosso;
> Vós sois fortaleza, vós sois refrigério.
> Vós sois nossa esperança, vós sois nossa fé,
> Vós sois nossa caridade, vós sois toda doçura nossa,
> Vós sois nossa vida eterna: Grande e admirável Senhor,
> Deus onipotente, misericordioso Salvador (LD 1-7).

Nos atributos com que o santo parece gaguejar, incapaz de dizer ordenada e completamente o que experimentou, sente-se o espanto cheio de maravilha e de gratidão porque viu naquele rosto de caridade e escutou a voz do Filho para com o Pai. Com efeito, seria possível imaginar que aquelas palavras dirigidas ao "Tu" de Deus foram aquelas que Francisco ouviu o Cristo crucificado pronunciar, no momento em que reabriu os olhos sobre a paternidade de Deus: naquele momento, o "Tu" do Filho se dirige ao "Tu" do Pai e proclama seu vínculo de amor.

Francisco não só escutou este diálogo de comunhão, com aquelas palavras tão doces, mas também participou dele, uma vez que proclamou ele próprio o hino de louvor com o qual ensinava a si mesmo o "Tu" de um Deus de caridade. Nele se dera o que vivera Jesus: embora mortalmente ferido, Francisco havia recebido a graça de reabrir os próprios olhos no rosto do Filho, e agora, vendo aqueles olhos abertos e escutando as suas palavras de louvor, viu de novo o rosto da caridade do Pai, a quem se dirige cantando as mesmas palavras do Filho: "Tu és a verdadeira alegria".

3. Em suma, tudo o que Francisco pensava ter perdido na Porciúncula lhe foi devolvido no Monte Alverne. Ali, ao con-

templar novamente o rosto crucificado, reencontrou a caridade de Deus, e, com ela, a certeza de pertencer àquele amor, isto é, de ser seu filho. Sabia-o bem e experimentou-o agora naquela montanha impermeável e solitária: a beleza de Deus, que é o seu amor de Pai, era o lugar onde o homem encontra a casa e a comunhão, o lugar de segurança e de tranquilidade, e, portanto, também o lugar de alegria e de felicidade. No Alverne, o santo, depois de admirar os olhos do crucifixo – que o fizeram contemplar não um ato de expiação exigido pela justiça, mas de comunhão que brota da caridade – conseguiu reabrir os próprios olhos para Deus e para o mundo, voltando a ser homem de humildade, filho de louvor, e, por conseguinte, irmão de misericórdia. As suas feridas, que o empurraram para Alverne, tornaram-se estigmas do Senhor, sinais santos de pertença que o salvaram da turbulência e da raiva e fizeram dele novamente um instrumento de salvação para os outros.

Para se tornar uma fonte de consolo para Leão

1. Frei Leão será o primeiro a usufruir dos estigmas "milagrosos" de Francisco, posto que ele próprio fora curado de suas feridas. Convidado pelo santo a acompanhá-lo ao Alverne, para que ficasse junto dele, assistira, de algum modo, ao milagre: vira que o seu amigo se transformara, porque a tristeza que pesava no seu rosto até alguns dias antes desaparecera. Leão tinha notado que seus sinais de sofrimento e de tristeza se transformaram em sinais de exultação e louvor. Ele havia notado bem aquela transformação, pois conhecia o amigo.

Se, por um lado, tal constatação animou Leão, por outro fazia-lhe sentir com mais intensidade que a própria condição continuava difícil: embora Francisco o tivesse superado, ainda havia nele próprio um forte sentimento de perturbação e de raiva com o qual havia partido depois do santo em direção ao Monte Alverne.

Francisco percebe tudo isso, porque a amizade dá um ar de reciprocidade. Ele conhecia Leão e compreendia imediatamente quais seriam os sentimentos que animavam seu coração. Acima de tudo, sua experiência mística de Deus tornou-o ainda mais atento e sensível ao sofrimento do mundo. Assim, notava com clareza a tristeza que emocionou Leão! A ideia de lhe dar aquela *cártula*, escrita apenas para ele, foi a manifestação direta da atenção e delicadeza com a qual Francisco cuidava das feridas ainda abertas do seu amigo (2Cel 49).

O "dom dos estigmas" que transformou as suas feridas de sinais de divisão e de conflito com os irmãos em sinais de pertença ao amor de Deus, havia permitido ao santo conhecer bem até o fim não só as causas da profunda tristeza do amigo-irmão, mas também o caminho para voltar à felicidade. Se quisesse libertar-se do sentimento de solidão e rejeição, impresso como feridas profundas na sua alma, Leão devia percorrer o único caminho que restaura a paz e a alegria: aquela experimentada por Francisco: elevar o olhar para aqueles olhos que da cruz olhavam o Pai. Se Leão não tivesse parado de vez e se concentrado apenas nas próprias feridas, bem como continuado a esquecer aquele rosto glorioso, não teria se libertado do risco de cair num duplo abismo: seja no da raiva, com o desejo de exercer uma violência "santa" para pôr de voltar as coisas, seja no da desconfiança radical, com vontade de fugir e de se esconder de tudo e de todos.

2. Para ajudá-lo a atravessar sua tribulação "como uma graça" (Mn 2), o santo pegou de novo na *Cártula*, aquele recorte de pergaminho tão precioso no qual havia registado suas palavras

de louvor ao Deus Altíssimo, e deu de presente a seu amigo. Antes, todavia, quis acrescentar-lhe, na face que ficara em branco, uma bênção, para augurar a Leão que viesse a viver a mesma experiência de cura, de sorte que, também ele, convertesse as próprias feridas em sinais de pertença, isto é, em estigmas do Senhor:

> O Senhor te abençoe e te guarde;
> Mostre sua face para ti e tenha misericórdia de ti.
> Volte seu rosto para ti e te dê a paz.
> O Senhor te abençoe, Frei Leão (BfL 1-3).

Francisco quis utilizar a bênção do Livro dos Números, na qual se diz que Deus ordenara a Moisés que comunicasse a Arão as palavras com as quais abençoou o povo. Aquele texto era precioso para o santo: muitas vezes ele o havia utilizado para consolar e encorajar a si mesmo e aos outros. Naquela ocasião, porém, adquiriu um valor e uma força ainda mais especiais porque conseguiu não só consolar o amigo, mas também indicar-lhe o caminho do louvor e da alegria, ou seja, da cura, a fim de permitir-lhe "virar a página". Nessa bênção havia três palavras santas e especiais para Francisco, as quais ele experimentara de novo no monte, três pedras preciosas que desejava oferecer ao amigo.

A primeira vinculava-se à metáfora de "rosto", que imprime cadência à bênção; o termo designa aquele para quem Deus volta o rosto quando olha para ele e, porque o Pai tem o rosto voltado para esse alguém, esse alguém pode ver o rosto do Pai e pode ver o seu olhar. A graça de ver novamente aquele rosto com os olhos abertos significava, então, ver e sentir o segundo termo da bênção: "misericórdia". Se Leão tivesse visto o olhar do Pai no rosto do Filho, teria ouvido com o coração a notícia que salvou o mundo: foste amado por "misericórdia". O ponto de chegada daquele caminho de caridade é expresso pelo terceiro termo de felicidade bíblica: recuperar a “paz”, a qual não é outra senão a felicidade e a alegria de pertencer à paternidade de Deus. Este foi o caminho de cura vivido por Francisco e desejado a Leão: ver o rosto do Pai no rosto do Filho para escutar a notícia da misericórdia-caridade divina e, desse modo, regressar à paz e à alegria.

3. Às palavras da bênção bíblica, Francisco acrescenta algo de muito pessoal, uma prova definitiva de quais foram os sentimentos que o ligavam a Leão. No desejo final, em que dá continuidade ao que já foi dito no início, ou seja, “O Senhor te abençoe”, além de personalizar a bênção ao inserir o nome de Leão, quis realizar uma organização tipográfica de alto interesse: entre as duas vogais do nome ele fez passando pelo mastro de um grande e colorido sinal Tau, letra frequentemente usada por Francisco como assinatura de seus textos.

Naquele caso, porém, a carta é mais do que um sinal de identificação do autor; com ela, pretendia fortalecer e explicar aquela bênção, mostrando visualmente ao amigo qual era o caminho para a paz. Com aquela solução gráfica, em que o nome de Leão estava “marcado” pelo Tau da salvação, Francisco afirmava algo de enorme importância para abençoar o seu amigo: com aquele sinal, teria obtido a compreensão de si, o sentido da sua vida, o seu ser “Irmão Leão”. Ele teria recuperado a consolação e a paz não se os seus irmãos o tivessem acolhido e colocado no centro das suas atenções e estima, mas somente se sua perda tivesse sido atravessada e habitada novamente por aquele sinal, isto é, se ele tivesse colocado no centro da sua vida o rosto de Cristo que lhe falava do Pai.

Com aquele desenho, Francisco desejava ao amigo o que ele próprio viveu: que a sua pessoa fosse marcada por aquela presença, isto é, atravessada por aquela presença crucificada. E, de súbito, suas feridas se transformariam imediatamente de acontecimentos de divisão e exclusão em sinais de pertença a Cristo e aos seus irmãos: de feridas em estigmas. Ele desejava tudo isso ao amigo: "Deixe esse sinal passar por você e você será livre e leve novamente; você estará em paz novamente, aceitando com alegria ser simplesmente o irmão Leão".

4. Naquele ponto, Leão podia dar o último passo no seu caminho de recuperação: o de "virar a página" e passar da agitação, e, talvez, da raiva, ao louvor a Deus. Depois de lhe ter mostrado o caminho da caridade para a paz, Leão podia virar aquela *cártula* e começar a ler com o coração os *Louvores ao Deus Altíssimo*. Aquelas palavras que Francisco escutou pronunciadas do rosto glorioso de Cristo para o rosto paterno de Deus tornaram-se também um hino de louvor para Leão. E nele aconteceu o mesmo milagre: ajudado pelo rosto fraterno do amigo, que o reconduziu ao rosto glorioso de Cristo, Leão conseguiu virar a página e, depois de ter parado de chorar sobre si mesmo, lamentando-se das injustiças submetidas, voltou a olhar ao louvor ao "Tu" da vida que nos liberta da perturbação e da raiva e restaura a verdadeira alegria. O caminho da caridade percorrido por Francisco tornou-se também para Leão o caminho para o Pai da caridade que transforma as feridas da divisão em estigmas de pertença.

O caminho da caridade que Francisco nos legou

Depois do que se recordou, em meu ver, pode afirmar-se que as chagas de Francisco não narram nem mostram a excepcionalidade de um homem o qual foi subtraído ao peso e à banalidade da terra e foi conduzido às alturas da mística cristã, e se tornou, para todos, esse outro Cristo digno de admiração, embora impossível de imitar. Compreender as chagas desse modo as tornaria sem carne nem sangue, isto é, destituídas da própria verdade. Eles, portanto, não contam uma história "espiritual" que conduziu Francisco ao céu, mas "carnal", completamente imersa dentro da terra na história humana, sempre cheia de muitas contradições não resolvidas que muitas vezes ferem mortalmente. Os estigmas de Francisco falam, então, da transformação das feridas deixadas na sua humanidade por relações que, em vez de conduzirem à comunhão, produziram divisão e rejeição. E assim, carregando em suas costas, atrás do Senhor, o peso da sua humanidade frágil e impotente, na montanha, Francisco viu e escutou novamente o mistério do amor trinitário, contemplando a glória de Deus resplandecente no rosto de Cristo que, na cruz, reabriu os seus olhos à caridade do Pai. Na montanha, portanto, aconteceu com Francisco o que já havia acontecido com Jesus: o milagre dos sinais que, de mortais, tornaram-se vivificantes, fazendo-o voltar a ser filho de Deus e irmão dos homens; ocorreu nele o milagre que transformou suas feridas humanas em estigmas cristãos.

Esta história, ainda contada depois de oitocentos anos, constitui uma boa notícia, não porque conta algo especial que aconteceu apenas com a pessoa de Francisco, mas porque lembra a todos que esse processo de transformação vale para as feridas de cada homem. A vida muitas vezes, com todas as suas complicações e dificuldades, deixa em nossa carne sinais difíceis de compreender e de amar porque são dolorosos e decepcionantes. Porque são sempre feridas cujo resultado é incerto: ou podem infeccionar-se pelo desejo de vingança ou de fuga, ou, em vez disso, podem transformar-se em acontecimentos de crescimento rumo a uma nova e inesperada vida. É disso que nos fala a experiência dos estigmas vivida por Francisco no Alverne, lembrando-nos que "o tempo em que aqueles que deveriam nos dar satisfação se voltam contra nós" (Ad 13) pode ser um tempo de graça, porque pode ajudar-nos a "conhecer" melhor a nossa humanidade amada com humildade, a fim de fazer-nos homens de misericórdia com os outros e de louvor para com Deus Pai. E então, também as nossas feridas, assim tão humanas, se olhadas e escutadas por Cristo, podem tornar-se divinas, isto é, estigmas de Jesus impressos no nosso corpo, e, portanto, caminhos de salvação que conduzem à caridade, que é Deus.

4
O sofrimento em São Damião: o caminho para a beleza (1225)

Quando a carne grita de dor

1. A informação a respeito da época e das condições em que Francisco compôs o *Cântico do Irmão Sol* é fornecida por duas fontes. A primeira é Tomás de Celano, que, na *Primeira Vida*, oferece informações importantes acerca das relações cronológicas entre os estigmas e o posterior agravamento da doença ocular:

> Entretanto, como não tinha completado em sua carne o que faltava na paixão de Cristo, embora carregasse no corpo os seus estigmas, teve uma grave moléstia dos olhos, como se nele Deus quisesse multiplicar sua misericórdia. A doença crescia cada vez mais e parecia aumentar dia após dia pela falta de cuidado. Frei Elias, a quem escolhera como sua mãe e colocara como pai dos outros frades, acabou obrigando-o a aceitar o remédio pelo nome do Filho de Deus, por quem tinha sido criado, de acordo com o que está escrito: "O Senhor fez sair da terra os remédios, e o homem sensato não os rejeita". Então o santo pai acedeu de bom grado e obedeceu com humildade aos que o aconselhavam (1Cel 98).

As informações se cruzam e se completam com o que consta na outra fonte, a *Compilação de Assis*, a qual narra o nascimento da composição do *Cântico*:

> Dois anos antes de morrer, quando já se achava gravemente enfermo e, sobretudo, padecente dos olhos, fixou morada junto de São Damião, em pequena cela feita de esteiras. O ministro-geral, quando o viu tão padecente do mal dos olhos, ordenou-lhe que se deixasse ajudar e tratar. Chegou a dizer-lhe que queria estar presente quando o médico começasse a tratá-lo, principalmente para que se fizesse cuidar mais seguramente. E para confortá-lo, porque estava muito afetado por isso. Nesse meio tempo, fazia muito frio e o tempo não era apropriado para as curas (CA 83).

Depois do período difícil que levou Francisco a encontrar refúgio espiritual no Alverne, o seu estado geral de saúde também piorou, o que, por sua vez, provocara um agravamento acentuado de sua doença ocular. Era pelo fim de 1224, ou pelo início do ano seguinte, quando, depois que deixara Alverne, retornara a Assis. O inverno já havia chegado, tanto que, como nota a fonte, o grande frio da época dificultou o acesso a Rieti, onde o santo, obedecendo à ordem que lhe foi imposta pelo Irmão Elias, ministro-geral de toda a fraternidade, teria encontrado um médico para tratar-lhe os olhos. Naquela situação, fora internado por um longo período de cinquenta dias em São Damião, em que Clara e suas irmãs cuidariam dele. Porém, a atenção e a amizade deles não conseguiram livrá-lo do sofrimento, e, ademais, quando o corpo grita de dor não é fácil reconhecer a presença de Deus, muito menos louvá-lo. Embora na montanha tivesse reencontrado e agradecido à fidelidade da caridade divina, fazendo das suas feridas humanas uma experiência de pertença ao seu amor, ele permaneceu um homem fraco que experimentava o quão frágil era a sua fé e como era cansativo louvar a Deus quando o corpo sofre.

2. A descrição feita pela *Compilação de Assis* daquele momento doloroso ilumina bem, sem atenuações, a situação "desesperada" de Francisco:

> O bem-aventurado Francisco tivesse ficado deitado nesse lugar por uns cinquenta dias ou mais, não podia ver a luz do dia nem a luz do fogo de noite, mas ficava sempre dentro da casa e permanecia no escuro naquela pequena cela. Além disso, também tinha grandes dores nos olhos de dia e de noite, de modo que quase não podia dormir e descansar à noite: isso fazia muito mal e fazia agravar-se muito a doença dos olhos e as outras doenças.
>
> Além disso, se às vezes queria descansar e dormir, havia na casa e na celazinha em que estava deitado, que era feita de esteiras em uma parte da casa, tantos ratos passando e correndo por cima e ao redor dele, que não o deixavam dormir. Mesmo no tempo da oração muito o impediam (CA 83).

A dor física fora aumentada também pela solidão a qual sua quase cegueira o obrigava. Naquela condição, o mundo inteiro parecia ter se desligado, perdido as próprias cores e caído na escuridão. E, com isso, sua alma também corria o risco de cair nas trevas.

A saúde de Francisco nunca foi forte e robusta, porque "mesmo quando menino era frágil e de constituição fraca" (CA 50). Tomás também conta a respeito de uma doença grave que contraiu quando jovem, a qual o debilitou tanto que até lhe tirou o gosto pela beleza das criaturas:

> Certo dia, saiu à rua e começou a observar com curiosidade a região que o cercava. Mas nem a beleza dos campos, nem o encanto dos vinhedos, nem coisa alguma agradável de se ver conseguia satisfazê-lo (1Cel 3).

Ainda nesse período foi acrescentado um ano de prisão em Perugia, após a derrota sofrida na Batalha de Colestrada, dura experiência que certamente influenciou a sua constituição (LTC 4). A vida que abraçou após a sua conversão, feita de pobreza e renúncia, agravou ainda mais as suas condições, com graves problemas de fígado, baço e estômago (CA 77). Um momento decisivo foi a viagem de 1219 à Terra Santa, viagem na qual, além das dificuldades de circulação nas pernas, "contraiu também uma doença ocular gravíssima" (CA 77). A sua saúde tornou-se tão precária que o levou, após o seu regresso do Oriente, a renunciar à direção da Ordem (CA 39). A esta primeira motivação para explicar aquela decisão, ocorre acrescentar outra, relativa às dificuldades relacionais com os frades, os quais não eram mais de acordo com Francisco. É sempre a *Compilação* que traz novidades interessantes, quando, num contexto de dura controvérsia, põe na boca de Francisco estas palavras:

> Porque, embora no tempo em que renunciei e deixei o ofício dos frades, eu tenha me desculpado diante dos frades no capítulo geral, pois por causa de minha doença não podia mais ter o cuidado e a solicitude por eles, agora, se os frades andassem e tivessem andado de acordo com a minha vontade, por sua consolação eu não quisera que tivessem outro ministro senão eu, até o dia de minha morte (CA 106).

Aqueles dias em São Damião resumiram bem a condição humana de sofrimento de Francisco: com apenas quarenta e dois anos, encontrou-se sozinho, meio cego, cheio de dores e, como síntese metafórica da sua condição, via-se até sitiado por ratos. Naquelas noites, de fato, muitas dúvidas acerca de sua vida o assomaram, quais ratos importunos que lhe roíam a alma: tinha abandonado tudo da sua vida juvenil, com as suas comodidades e vantagens, para cair naquelas condições! Valera a pena? Ou deveria reconhecer que dera sua vida por um sonho equivocado? Naqueles dias, quantas vezes não o terão acometido pensamentos de ausência de perspectiva e sentimentos de desespero?

No entanto, naquela escuridão na qual tocou até o fim o mistério de si mesmo, conseguiu invocar novamente o Senhor:

> Uma noite, pensando o bem-aventurado Francisco que estava tendo tantas tribulações, ficou com pena de si mesmo e disse lá dentro de si: "Senhor, olha para me socorrer, em minhas enfermidades, para que eu possa tolerar com paciência" (CA 83).

Também aqui recorre a mesma palavra que tinha empenhado ao término da parábola da *Perfeita alegria*: "se tive paciência e não me perturbei" (PA 15). Experimentava o cansaço da paciência dentro daquela "humilhação" a que a doença o havia lançado: estava no chão, e ali, no *húmus* da dor, pedia a Deus a capacidade de permanecer na paciência, isto é, à espera, seguro de que o seu Senhor ainda lhe falaria e lhe reabriria os olhos para uma luz nova.

3. E assim aconteceu! No intenso diálogo com Deus naquela noite, Francisco compreendeu muito bem o que sabia, mas que naquelas condições corria o risco de esquecer: em seus sofrimentos, pertencia ao Senhor, de quem nada o poderia separar. E precisamente nessa condição e por essa consciência renovada ele teria recebido uma grande recompensa, "como se toda a terra fosse ouro puro e todas as pedras fossem pedras preciosas e a água fosse toda bálsamo" (CA 83). Francisco voltou a acreditar nesta promessa, segundo a qual os seus sofrimentos eram o caminho para uma riqueza, tão grande como o mundo inteiro, porque por intermédio dela recuperaria o mundo inteiro: em todas as cria-

turas, de fato, veria a presença de seu Senhor resplandecer, uma experiência teria transformado, assim, toda a criação num baú de tesouros preciosos que Deus lhe presenteava novamente.

As palavras escutadas no final daquele diálogo noturno devolveram luz e vida àquele homem cansado e solitário, oferecendo-lhe motivos de exultação e encorajamento:

> "Então, irmão, alegra-te e te rejubila bastante em tuas enfermidades e tribulações, porque de resto podes estar tão seguro como se já estivesses no meu reino" (CA 83).

Aquilo que o santo arriscava de perder lhe foi devolvido em plenitude: a certeza de já estar no Reino, a certeza de pertencer novamente àquele amor do qual nada o poderia separar. Ele, apesar da incerteza adquirida pela fragilidade e pela dor, pertencia, de qualquer maneira e para sempre, à fidelidade de Deus.

É o que proclamará aos seus irmãos pela manhã, contando o que vivera naquela noite, tão escura e tempestuosa quanto cheia de graça e de consolação:

> E lhes disse: "Por isso eu tenho que me alegrar agora com minhas doenças e tribulações e me confortar no Senhor, e sempre dar graças a Deus Pai e a seu único Filho nosso Senhor Jesus Cristo, e ao Espírito Santo, por tamanha graça e bênção que me deram, porque, vivendo ainda na carne, por sua misericórdia dignou-se a dar-me a certeza do reino, a mim, seu servozinho indigno" (CA 83).

Francisco voltou à alegria do seu coração e reabriu os olhos ao mundo inteiro, reconhecendo e admirando o seu esplendor e a sua luminosidade: viu novamente a beleza da criação, e nela descobriu a Beleza daquele que tudo permeia e contém. E também naquele caso, o último ato de sua jornada na grande tribulação do sofrimento, foi o louvor e a ação de graças àquele que é a Beleza.

O canto para louvar a Deus, para se consolar a si mesmo...

Como aconteceu com Os *Louvores ao Deus Altíssimo*, a humildade da condição de criatura débil e frágil tornou-se o caminho do louvor em Francisco. A terra, aparentemente árida da sua própria humanidade, voltou a florescer, tornando-se um lugar místico de encontro com Deus.

A narrativa oferecida pela *Compilação* do nascimento do texto poético é tão simples quanto comovente. Naquela manhã, depois de contar aos frades a graça noturna que recebera, o santo enumera três motivos que o obrigaram a começar a escrever:

> Por isso eu quero, para o seu louvor e para nossa consolação e edificação do próximo, fazer um novo Louvor do Senhor por suas criaturas [...]. E sentando-se começou a meditar e depois a dizer:
>
> Altíssimo, onipotente, bom Senhor,
> Teus são os louvores, a glória e a honra e toda bênção
> A ti somente, Altíssimo, convêm,
> e homem nenhum é digno de te nomear.
>
> Louvado sejas, meu Senhor, com todas as tuas criaturas,
> Especialmente o senhor irmão Sol,
> Que é dia e nos iluminas por ele.
> E ele é belo e radiante com grande esplendor;
> De ti, Altíssimo, carrega a significação.
>
> Louvado sejas, meu Senhor, pela irmã Lua e as estrelas,
> No céu as formastes claras e preciosas e belas.
>
> Louvado sejas, meu Senhor, pelo irmão Vento,
> Pelo ar, ou nublado ou sereno, e todo o tempo,
> Pelo qual às tuas criaturas dás sustento.
>
> Louvado sejas, meu Senhor pela irmã Água,
> Que é muito útil e humilde e preciosa e casta.

Louvado sejas, meu Senhor, pelo irmão Fogo,
Pelo qual iluminas a noite.
E ele é belo e alegre e vigoroso e forte.

Louvado sejas, meu Senhor, por nossa irmã a mãe Terra,
Que nos sustenta e governa,
E produz frutos diversos e coloridas flores e ervas
(Cnt 1-20).

O caminho existencial vivido por Francisco é claro: das trevas que o alienam do mundo, à luz que dá cor e vida a tudo; da solidão dos abandonados à multidão de irmãos e irmãs, com os quais e pelos quais louvamos e agradecemos a Deus.

Acerca deste texto tão conhecido e afamado, desejo propor três considerações como possíveis chaves de entendimento para reconstituir os sentimentos que lhe deram vida e para tornar a apreciar a valia daquele cântico de louvor: a primeira a ser sublinhada é a familiaridade circular da qual o texto, quase um canto de uma família reunida em louvor e celebração em torno daquele que é o Pai de todos; as outras duas dizem respeito, respectivamente, ao sujeito elogiado e ao objeto elogiado neste encontro festivo.

1. Sua doença, experiência trágica de fraqueza e de dor, em vez de se fechar, e, assim, de se dobrar em si mesma para tirar-lhe qualquer interesse pelo resto, permitiu-lhe, como tinha recordado, olhar a criação de uma nova maneira, chegando, como diremos hoje, a uma ecologia integral, isto é, movida por uma nova visão de toda a realidade. A condição "desesperada" na qual havia risco de cair tornou-se uma "graça" que lhe permitiu adquirir uma nova consciência do mundo, ou seja, um conhecimento "circular" no qual as relações já não eram mais de confronto nem de conflito, mas de familiaridade: em seu redor, descobriu que tinha "irmãos e irmãs". Não mais, portanto,

apenas presenças anônimas, indiferentes, de algum modo, ou julgadas apenas segundo o critério da utilidade, ou seja, a partir das próprias necessidades e interesses, mas reconheceu que as presenças sagradas devem ser respeitadas porque desfrutam da mesma dignidade e de preciosos dons para agradecer e louvar. Aquela doença mortal ajudou Francisco a cantar a realidade da criatura de uma maneira nova, segundo uma lógica não mais de posse e exploração, mas circular e integral em que todos pertenciam a uma grande família, da qual Deus é Pai.

Se pudéssemos perguntar a Francisco qual deveria ser a razão definitiva de um compromisso ecológico com o mundo, creio que ele responderia a partir da paternidade de Deus: definir as criaturas como "irmãos e irmãs" significa reconhecer a sua natureza de filhos e filhas do mesmo Pai. O respeito nos seus confrontos deve ser guiado, por conseguinte, por uma consciência e por um conhecimento fundamental: são queridos por Deus, o qual, nos seus confrontos, tinha o mesmo coração para nós, homens. A parábola usada por Jesus para anunciar a paternidade de Deus, comparando-o ao sol e à chuva como medida do seu amor por todos, bons e maus (Mt 5,45), pode ser estendida a todas as criaturas, que são também objeto desta gratuidade do amor divino, fonte de vida para toda a criação. O respeito ecológico pela criação tem, portanto, na paternidade o seu primeiro e último fundamento: isto é demonstrado pelo Santo de Assis quando se dirige a todas as criaturas com respeito e admiração, chamando-as sempre apenas de "irmãos e irmãs".

2. A partir daquele pressuposto pode-se compreender a especialidade daquela composição poética, acerca da qual gostaria de desenvolver mais duas observações, relativas, como já havia antecipado, ao sujeito elogiador e ao objeto elogiado.

Os dois momentos são, em meu ver, resumidos nos primeiros cinco versos do *Cântico*:

> Altíssimo, onipotente, bom Senhor,
> Teus são os louvores, a glória e a honra e toda bênção
> A ti somente, Altíssimo, convêm,
> e homem nenhum é digno de te nomear.
> Louvado sejas, meu Senhor, com todas as tuas criaturas
> (Cnt 1-3)

Passemos à primeira pergunta: quem é o sujeito, ou antes, quais são os sujeitos que louvam no texto? Por certo não é o homem, que Francisco reconhece por "indigno", isto é, incapaz de sequer nomear Deus. Ao passo que "teus", de Deus, são "os louvores, a glória e a honra e toda bênção"; e são "teus" porque unicamente a Deus "convêm". Assim é por duas razões: não só porque pertencem exclusivamente a Deus, mas também, e nisto reside a nota surpreendente do texto, porque Deus é o único capaz de louvar, de dar glória, honra e bênção a Ele mesmo.

E Deus realiza este ato de louvor em dois momentos: desde a eternidade na dimensão trinitária, e depois no tempo, dando vida à realidade criada, produto direto daquele louvor e bênção eternos. Sabemos, de fato, que o "dizer" de Deus fez coisas, e Ele as diz *com* e *para* um ato de louvor, glória, honra e bênção. O seu dizer faz vir a luz e absorve para si a coisa dita, deixando a sua marca, a sua imagem na realidade. Por conseguinte, se as criaturas são belas, radiantes, brilhantes, castas, humildes, fortes e alegres, elas o são porque Ele é belo, radiante, brilhante, casto, humilde, forte e alegre. Como todos os filhos e filhas, as criaturas se assemelham àquele que é o Pai e apresentam as suas características. Dele nasceram como um ato de louvor e bênção e, por isso, eles trazem "significado". Elas, a criação delas, constituem o ato de louvor que Deus deu e continua a dar a si mesmo, o único que é digno e que é capaz de o realizar em verdade.

Isto nos introduz no segundo sujeito a quem cumpre atribuir o ato de louvor: as próprias criaturas. Se estas, com efeito, são o louvor dado por Deus a si mesmo, são, por conseguinte, também o primeiro e verdadeiro louvor a Ele. É o que afirma Francisco no quarto verso do *Cântico* quando, ao usar pela primeira vez o refrão do verbo optativo "Louvado sejas, meu Senhor", acrescenta a partícula "com todas as tuas criaturas", depois substituída pela partícula "por" quando nomeia as realidades singulares. Entre as duas partículas, em meu ver, pode-se entrever certa complementaridade: a primeira remete à totalidade da criação inteira envolvido no ato; a segunda sublinha com mais vigor a qualidade da obra cumprida pelas criaturas singulares e da qual o homem, ao contrário, não é digno nem capaz, isto é, de "nomear" Deus por meio do louvor. Somente as criaturas cumprem perfeitamente este ato, porque o realizam *por, mediante, por meio da* simples e pura obediência à sua natureza de criatura: louvam-no porque estão simples e puramente diante dele, como Ele quer. É o que proclama com muita precisão Francisco em uma de suas *Admoestações*, quando repreende o homem por sua soberba e por seu orgulho e lembra uma verdade surpreendente: "E todas as criaturas que estão debaixo do céu, cada uma segundo a sua natureza, servem, conhecem e obedecem a seu Criador melhor do que você" (Ad V 2).

Em suma, poderíamos imaginar que o *Cântico* seja um canto com duas vozes afinadas e em sintonia entre si: a voz de Deus "com" e "para" as criaturas e a voz delas "com" e "para" o Criador. Neste sentido, então, é possível combinar os dois títulos dados pelas hagiografias à composição: por um lado, o *Cântico do*

Irmão Sol, portanto o canto do Sol, ou seja, o canto do próprio Deus, porque a partir dele o Sol, no mais alto grau, traz significado; por outro, também o *Canto das criaturas*, isto é, daquelas que, no seu próprio modo de ser, voltam-se para o seu Criador, louvando-o e agradecendo-lhe.

3. Quanto ao sujeito louvável, identificado nos dois coristas, aquele que, de cima para baixo, é identificado na voz de Deus, e o outro que, de baixo para cima, o é na voz das criaturas, é necessário acrescentar o último sujeito, aquele decisivo em que as duas vozes se tornam uma única e igual voz: a de Cristo; Ele, com efeito, é ao mesmo tempo, no mais alto grau, tanto o louvor e a bênção ditos por Deus sobre o mundo, como a resposta de louvor e de ação de graças de toda a criação a Deus.

Antes de tudo, Ele é a Palavra eterna, "*por meio* [*daquela*] *foram criadas todas as coisas*", como nos recorda Francisco na *Carta aos fiéis*, utilizando uma passagem do prólogo de São João (2Fi 12). Cristo, a Palavra eterna, não só tinha "dito" ao mundo desde a eternidade, mas Ele mesmo se fez carne no ventre de Maria, doando-se a todos nós até a cruz. Portanto, Ele é aquela presença invisível e visível que mostra quão "glorioso, santo e grande é ter um Pai no céu!" (2Fi 54) e ao mesmo tempo como "santo, [...] delicioso, agradável, humilde, pacífico, doce, amável e sobretudo desejável ter um irmão e um filho assim, que ofereceu a vida pelas suas ovelhas e rezou às Pai para nós" (2Fi 56).

A conclusão de espanto a que Francisco chega naquela passagem, proclamando que Cristo é o verdadeiro e definitivo louvor e bênção de Deus ao homem, introduz o movimento inverso naquele que é reconhecido como o Único que é verdadeiramente digno de "mencionar" a Deus em louvor. Além das criaturas e juntamente com elas, Cristo, Palavra feita criatura, é quem plena e unicamente pode louvar a Deus. Isto se afirma precisamente num trecho da antiga *Regra*: "Pois, como todos nós, miseráveis e pecadores, não somos dignos de pronunciar o teu nome, suplicantes pedimos que o nosso Senhor Jesus Cristo [...] te renda graças conforme apraz a ti e a Ele" (RnB 23,5).

Cristo é, ao mesmo tempo, o louvor de Deus pelo mundo feito carne, e a carne do mundo que se tornou o louvor perfeito de Deus. Em última instância, pode-se afirmar então que o hino de louvor escrito pelo santo seja o canto entoado por Cristo, com Cristo e em Cristo, o qual é junto a bênção de Deus para o mundo e o louvor perfeito de toda a criação a Deus, proclamando-o "Altíssimo, onipotente e bom Senhor".

4. Conquanto aqui hipnotizado a respeito do tema do louvor, somos introduzidos no último aspecto da nossa ênfase no *Cântico*, relativo ao objeto, isto é, ao conteúdo do louvor entoado por Deus e pelas criaturas por intermédio de Cristo. Em resumo, parece possível afirmar que aquele que é invocado como "Altíssimo", "onipotente" e "Senhor" é louvado e abençoado porque é "bom" e também "belo". No movimento circular da dança de louvor entoada no canto a duas vozes entre Deus e as criaturas, podem ouvir-se estas palavras, proclamadas pelo Filho feito carne, por aquele que é o que louva e, ao cabo, também o conteúdo do louvor: "Meu Senhor e Pai, tu louvas e abençoas as criaturas dando-lhes beleza e bondade, e elas te louvam e abençoam porque tu és beleza e bondade".

Escutemos melhor os dois atributos do louvor entoado por Deus e a Deus no *Cântico* de Francisco.

Para Francisco, a beleza constituía um dos atributos divinos mais importantes presentes em seus textos. Já a havia cantado nos *Louvores ao Deus Altíssimo*, repetindo duas vezes "tu és pulcritude". A sua presença é agora mais evidente no *Cântico*: canta-se a beleza no sol, nas estrelas, mas também no fogo, reconhecido ele mesmo como "belo". Para Francisco, então, tudo o que é luminoso carrega "significado" de um modo especial de Deus, porque Ele é a luz, aquela verdadeira que resplandece, que dá cor, calor e vida. E, portanto, a luz é *pulcritude*, presença luminosa, beleza que se irradia em todas as coisas, tal como o é a luz do Sol, que, por um lado, está simplesmente presente em cada realidade, doando-se gratuidade e generosamente, mas, por outro, permanece alteridade absoluta, indisponível e, em última análise, invisível. A beleza da luz do sol "significa" verdadeira e perfeitamente o Altíssimo e o Onipotente.

Ao mesmo tempo, porém, Deus também é "bom", porque é o bem que se faz próximo e cotidiano, a fim de ser visto, tocado e saboreado no encontro com pequenas criaturas, aquelas que estão à nossa disposição, como "irmã água" e "mãe terra" que, juntas, produzem "frutos diversos com flores e ervas coloridas". O Altíssimo "Belo" torna-se também "bom Senhor", uma presença que se coloca em nossas mãos, para se tornar comida e bebida, fonte de vida cotidiana. E a sua bondade manifestada plenamente, tornando-se visível em Cristo, na sua carne, que se fez criança no ventre fecundo da Virgem, e que continua a ser presença em nossas mãos através do pão de louvor que repartimos todos os dias no altar.

Em Cristo, Deus mostrou a sua beleza e a sua bondade, ou seja, fez visível o seu mistério eterno, tornando-se motivo de louvor e de ação de graças porque Ele é "o Altíssimo e onipotente, mas também bom Senhor".

5. Se tais são os cantores e o conteúdo do canto, então poderíamos afirmar que o *Cântico do Irmão Sol* não foi composto, em

última instância, por Francisco, mas escutado por ele na e pela criação: em tudo ele sentiu a voz do Filho como uma bênção de Deus ao homem e de Jesus como ação de graças do homem ao Pai. E, portanto, no texto, o santo apenas registrou e fixou o que viu e sentiu naquela celebração da vida, na qual o canto entoado por Deus e respondido pelas criaturas em Cristo espantou e alegrou o coração de Francisco, tão necessitado de ser consolado. As criaturas, na sua simplicidade, vieram em seu auxílio, permitindo-lhe escutar o louvor de Deus (feito por Ele e para Ele), e assim, acompanhado por muitas irmãs e irmãos guiados por Jesus, pôde completar aquele caminho de beleza e bondade para com o seu Senhor. Aquele homem que havia perdido o senso da beleza e da bondade de sua existência e se sentia sozinho e triste, volta a fazer parte da grande família de Deus, capaz de, uma vez mais, louvar e abençoar pela beleza e pela bondade que é Deus.

Eu diria que em Francisco aconteceu algo semelhante ao que conta o primeiro capítulo do Gênesis, em que todo o dia criativo termina com um refrão: "e viu que era coisa boa" (Gn 1,4ss.), e (pode-se acrescentar certamente) "muito bonita". Imagino que o santo percebeu em si os sentimentos de Deus contidos naquela conclusão repetida seis vezes do texto do Gênesis, em que se entende que o louvor criativo e o ser louvado pelas criaturas davam ao próprio Deus um sentimento de espanto e de alegria. Na verdade, poderíamos ampliar essa conclusão ao acrescentar um detalhe implicitamente incluído no refrão final dos dias criativos: "Deus viu e escutou a bondade e a beleza em tudo o que Ele tinha dito e depois… sorriu". O mesmo aconteceu com Francisco: ao escutar aquele canto de louvor com que Deus abençoou as suas criaturas e elas lhe "mencionaram" ao reconhecer todos os seus louvores, sorriu para si mesmo, consolando suas próprias aflições. O que ele parecia ter perdido por causa do corpo, que já não era bom nem belo, ele encontra cantado e elogiando na e pela criação. O caminho da beleza e do bem ajudou-o, portanto, a voltar ao louvor, que é o sorriso que volta ao rosto de um homem feito à imagem e semelhança de Deus.

... e para edificar o próximo

Os dois primeiros objetivos que motivaram Francisco a escrever o *Cântico* foram alcançados: louvar a Deus e consolar-se. Mas havia outra finalidade, a razão pela qual o santo queria estabelecer e depois ampliar os seus sentimentos de louvor: partilhá-los com os outros, para que também eles fossem edificados na paciência e ajudados a louvar a Deus.

Aquele homem enfermo e fraco, depois que tornou ao louvor, dirige o coração para os irmãos, a fim de lhes oferecer a notícia da beleza e da bondade de Deus, as quais, únicas, saram e renovam. Mesmo com este texto, portanto, Francisco faz algo semelhante ao que havia feito com o Irmão Leão quando lhe deu os *Louvores ao Deus Altíssimo*. Ao contrário daquele caso, porém, o *Cântico* não se dirige a apenas um, mas a todos os irmãos e irmãs que tinham necessidade de serem consolados, reconstruindo neles uma morada do Senhor que é paciência e louvor. Ele sabia, de fato, que a poesia e a música são os instrumentos mais eficazes para expressar a beleza de Deus e para dar aos outros, porque com elas é mais fácil dizer o indizível e mover o coração à alegria e ao louvor.

1. Conhecemos muito bem o amplo uso feito por Francisco da música e do canto no desejo-necessidade de expressar e manifestar os próprios sentimentos e as próprias emoções. Das muitas histórias presentes nas fontes hagiográficas a respeito deste as-

pecto, recordamos apenas algumas, entre as mais significativas. Famoso é o episódio que se deu logo no início de sua conversão, quando, depois do ato de espoliação diante de seu pai e de ter-se vestido com roupas esfarrapadas, deu de cara com os bandidos "enquanto ia para a floresta cantando os louvores de Deus em francês" (1Cel 16); à pergunta quanto a quem ele era, a resposta de Francisco foi surpreendente: "Eu sou o arauto do grande Rei", aquele que anunciou a todos a realeza de Deus com cantos. A reação dos bandidos, que "bateram nele e atiraram ele em uma cova cheia de neve", não interrompeu o canto do jovem: "assim que os bandidos se afastaram, ele pulou da cova e, todo alegre, começou a cantar novamente em voz alta, enchendo o bosque com os louvores do Criador de todas as coisas" (1Cel 16).

Este estilo trovador e bobo nasceu de uma necessidade fundamental: unicamente com a música e com o canto o santo conseguiu "gerir" e "conter" os seus próprios sentimentos de alegria e exultação no Senhor. Outra fonte conta isso com grande precisão e amplitude:

> Fervendo interiormente pela dulcíssima melodia do espírito, soltava exteriormente a voz em francês, e a veia do divino sussurro, que recebia furtivamente nos ouvidos, transbordava em júbilo francês.
>
> Algumas vezes – como vi com meus olhos – pegava um pau do chão, colocando-o em cima do braço esquerdo e segurando um arquinho na direita, passando-o pela madeira como se fosse uma viola e, fazendo os gestos adequados, cantava a Deus em francês (CA 38; também 2Cel 114).

Foi o que aconteceu também com a escrita do *Cântico*: o que tinha visto e ouvido com o coração devia ser transformado em palavras e em música, pois não só teriam louvado plenamente a Deus, mas também consolado melhor o seu coração. Mais do que conceitos acerca de Deus, Francisco precisava de cores, de música, de palavras, de ritmo para ver e sentir aquela beleza que o fazia exultar e cantar, que comovia o seu coração e que lhe devolvia, também nos momentos finais próximos da sua morte, alegria consolo e conforto.

2. Se isto era verdade para si mesmo, o era também para os outros: o canto e a poesia deviam ser utilizados e presenteados a todos para edificá-los para o bem e ajudá-los a acreditar no Evangelho. É o método de evangelização que se emprega desde o princípio, quando ainda eram somente quatro frades; com efeito, deliberaram que se dividiriam em dois grupos: Frei Bernardo de Quintavalle e Frei Pedro permaneceram em Assis, e Francisco, juntamente com Frei Egídio, dirigiram-se para a Marca de Ancona, para que anunciassem a Boa-nova do Evangelho. E lendo o que se segue, pode-se dizer que o conteúdo do anúncio era quase idêntico à forma e ao modo de propô-lo:

> Indo para a Marca, exultavam fortemente no Senhor, mas o homem santo, cantando os louvores do Senhor em voz alta e em francês, bendizia e glorificava a bondade do Altíssimo (LTC 33).

Este método será adotado como forma específica por Francisco e pelos frades de anunciar o Evangelho e torná-lo notícia capaz de atrair a atenção e tocar o coração. Isto é o que confirmam os acontecimentos que se seguiram à escrita do *Cântico*.

Imediatamente depois de fixá-lo no papel, e alegre com o que havia feito, chamou o melhor de seus frades, o mais experiente em canto e música, ou seja, o Irmão Pacífico, "o rei dos versos, [...] muito gentil mestre do canto" (CA 83), pedindo-lhe que fizesse daquela composição um instrumento de evangelização. Quis, portanto, "designar-lhe alguns frades bons e espirituais para que percorressem o mundo pregando e louvando a Deus" (CA 83). A estratégia a se adotar foi sempre a mesma:

> Queria e dizia que, primeiro, algum deles, que soubesse pregar, pregasse ao povo, e depois da pregação cantassem os Louvores do Senhor como jograis de Deus (CA 83).

Francisco sabia que concluir a pregação com o canto era tanto surpreendente por sua novidade quanto eficaz em alcançar aquilo que todo anúncio do Evangelho havia de suscitar no povo:

> Que são os servos de Deus senão, de algum modo, uns jograis seus, que devem mover o coração dos homens e levantá-los para a alegria espiritual? (CA 83).

O que muitas vezes acontecia consigo mesmo tinha de acontecer com aqueles que assistiam ao seu sermão cantado: "ser comovido no coração". Porque se a palavra não tivesse chegado lá, no coração, dando-lhe alegria e comoção, isto não teria tido a eficácia de salvar o homem da sua solidão e dos seus medos. E para poder chegar lá, tinha de estar vestida de beleza, único caminho para expressar e "comunicar" Deus e "comover" o homem. Até para Francisco era absolutamente verdade que a beleza, e só a beleza, salva o mundo!

3. Uma aplicação imediata daquela estratégia é narrada logo a seguir pela mesma fonte hagiográfica, a qual relata a intervenção de Francisco para restaurar a paz entre o prefeito e o bispo.

A *Compilação de Assis* faz questão de esclarecer a época em que os acontecimentos ocorreram: "naquele mesmo período, enquanto estava doente, já tendo composto e mandado cantar as *Laudes*" (CA 84). Há algum tempo reinava entre o prefeito e o bispo uma situação de profunda inimizade e conflito, o que, de fato, os colocava numa condição semelhante à vivida pelo santo nas noites passadas em São Damião: sem paz. O santo havia superado as suas trevas, iluminando-as com o louvor do Senhor. Isto lhe permitiu perceber com mais consciência e lidar com mais paixão o que acontecia em Assis: "O bem-aventurado Francisco, doente como estava, sentiu pena deles". Foi o mesmo sentimento que teve por si mesmo naquela noite de dor em São Damião: a piedade, a compaixão, a misericórdia por todos os miseráveis, por todos aqueles que necessitavam tornar a ouvir uma palavra de beleza em seu coração, o qual, porém, se achava cheio de tristeza ou de ódio.

E para chegar lá e "movê-lo", livrando-o, assim, da sua doença fatal que contagiou não só os dois contendores, mas também toda a cidade, quis pegar novamente na caneta para acrescentar um verso ao *Cântico*:

> Louvado sejas, meu Senhor, pelos que perdoam por teu amor,
> E suportam enfermidades e tribulações.
> Bem-aventurados os que as suportam em paz,
> que por ti, Altíssimo, serão coroados
> (Cnt 23-26; cf. CA 84).

Mandou então um frade pedir ao prefeito que fosse, junto com os magnatas da cidade, ao claustro do episcopado para se encontrar com o bispo. Ali, quando ambos se achassem um defronte do outro, os frades não haviam de proferir uma pregação, ato que porventura correria o risco de ser tomado pelos contendores como juízo moral de condenação; haviam, isto sim, de transformar-se de pronto em jograis e em menestréis aptos a alegrar e a comover:

> Ide e cantai o Cântico do Irmão Sol [...]. Tenho confiança no Senhor, o qual tornará humildes os seus corações;

> e eles restabelecerão a paz e voltarão à amizade e ao afeto de outrora (CA 84).

Francisco sabia que só a beleza do canto poderia abrandar seus corações, tornando-os humildes e comovendo-os, de modo que despertaria neles o desejo do bem e da paz. E assim aconteceu!

4. Pouco depois, Francisco quis utilizar novamente o poder do canto em benefício do próximo. É ainda a *Compilação*, que narra mais um belo episódio, em que o santo pega novamente na caneta e compõe texto e música para consolar desta vez aqueles que, ao seu lado, cuidavam de suas doenças:

> Semelhantemente, naqueles dias e no mesmo lugar, depois que o bem-aventurado Francisco compôs os *Louvores do Senhor* pelas criaturas, também fez algumas palavras com canto para maior consolação das senhoras pobres do mosteiro de São Damião, principalmente porque sabia que elas estavam muito atribuladas por sua enfermidade (CA 85).

O texto escrito por Francisco permaneceu desconhecido por mais de cinquenta anos, quando foi descoberto num códice do século XIII no qual, no título que o precede, lemos o seguinte: "Estas palavras compôs o bem-aventurado Francisco em vernáculo". O conteúdo e o clima do texto confirmam a atribuição:

> Ouçam, pobres mulheres chamadas pelo Senhor,
> Que de muitas partes e províncias sede reunidas:
> Viva sempre em verdade
> Que em obediência morrerás.
>
> Não olhe para a vida lá fora,
> Aquela do espírito é melhor.
> Eu rezo-te com muito amor
> Seja discreto na esmola que o Senhor lhe dá.

> Aqueles que são agravados pela enfermidade
> E os outros que estão cansados,
> Todos quanto o sustentam em paz,
>
> Quem muito vende caro esse trabalho,
> Que cada uma será rainha
> No céu coroado com a Virgem Maria
> (PE 1-14).

Depois disso, também naquele caso, como tinha acontecido para reconciliar o bispo e o prefeito, enviou seus frades para concluir o que ele próprio teria feito se não estivesse tão doente:

> E como não podia consolá-las e visitá-las pessoalmente por sua doença, quis que aquelas palavras fossem anunciadas por seus companheiros (CA 85).

Aquela de Francisco foi quase uma serenata dada às suas irmãs, no desejo não só de consolá-las pela tristeza que sentiam por sua doença e de lhes agradecer a atenção com que lhe foram próximas, mas também para absolver um compromisso que foi tema no início dos seus confrontos. Com a composição poética e musical confiada aos frades, ele, embora doente, conseguiu o que havia solenemente assegurado a Clara no bilhete que ela quis transcrever na sua própria *Regra*, em memória perpétua da promessa que o santo lhe fez:

> Eu quero e prometo, por mim e por meus frades, ter por vós o mesmo cuidado diligente e uma solicitude especial, como por eles (RSC 4.4).

Francisco tinha plena consciência do quão exigente era para as irmãs a vida em São Damião, onde, depois de terem renunciado a tudo, levavam uma existência pobre e cansativa, muitas vezes angustiada pela penúria e pela doença; no entanto, ele as via como solícitas e atenciosas com todos e tão primorosas nos seus confrontos. Com a beleza das palavras que comovem e com a música que alegra, aquele que necessitava dos cuidados daquelas pessoas quis cuidar delas, para que as comovesse e as alegrasse no Senhor.

O caminho da beleza que Francisco nos legou

A única forma de consolar, de comover e de converter o coração do homem, dando-lhe motivos de esperança, é a beleza, porque é luz e harmonia, é cor e som, é a vida que dança. Francisco sempre soube disso, mas só o compreendeu plenamente naquela noite de São Damião, quando se sentiu afundar na escuridão e no silêncio, e tudo parecia negar qualquer possibilidade de beleza, caindo no medo de ter perdido o coração e, com ele, também o sentido da vida.

Mais precisamente naquele momento, quando tudo corria o risco de se apagar numa noite sem estrela alguma, aconteceu para ele o mesmo que aconteceu aos magos, os quais viram novamente a estrela e sentiram uma grande alegria, recuperando o caminho para a vida (cf. Mt 2, 9-10). Escrever palavras para louvar e compor músicas para cantar foram as duas operações que brotaram da grande alegria que Francisco sentiu ao ver e escutar novamente a beleza de Deus na criação e da criação em Deus.

Um homem que reencontrou o Deus da beleza, reconhecido e louvado na simplicidade obediente das criaturas, sabe muito bem que o Evangelho ressoa no coração não quando se torna uma ameaça de condenação, mas uma promessa de espanto. Só a beleza pode traduzir e comunicar o Evangelho. E Francisco recorda-nos que cada vez que encontramos formas adequadas de transmitir esta bela Boa-nova, conseguimos tornar o Evangelho ainda verdadeiro e vivo. Ele foi testemunha disso, confirmando, sobretudo, que a emoção vivida no coração, depois de ser consolado pelo medo, dá a imaginação e o entusiasmo para encontrar caminhos novos e surpreendentes para proporcionar aos outros a mesma experiência salvadora.

A música, o canto, a escrita, a pintura e a dança são realidades que nos permitem abrir definitivamente os olhos do coração e da mente ao outro e ao além; e são instrumentos para ajudar outros a atingir este objetivo: quando os conceitos e as doutrinas já não são úteis, porque serviram o seu propósito, tendo despertado o desejo de beleza, entra em jogo outra linguagem, aquela que, abandonada toda forma de diferença e rivalidade entre as pessoas, unicamente pode tocar com simplicidade e profundidade os corações, unindo-os em louvor e ação de graças.

5
A despedida de Assis: o caminho dos irmãos (1226)

O "pequeno" Testamento de Sena

1. O último ato, quase no final de toda a sua existência, foi realizado por Francisco a pedido dos frades, quando em maio de 1226, em Sena, deixou-lhes um pequeno escrito de advertência, o "pequeno" *Testamento*, o primeiro rascunho daquilo que nos próximos meses se tornará o "grande" *Testamento*. O que foi assumido como tarefa principal no início da fraternidade volta a ser a última ocupação e preocupação antes da morte: o cuidado dos irmãos. Antes de deixar o mundo para encontrar-se com o seu Senhor, ele quis despedir-se dos seus irmãos, deixando-lhes um texto com o qual ajuda-lhes a permanecer fiéis à identidade que ele descobriu e por ele abraçada no seguimento do Evangelho.

Portanto, sem sombra de dúvida, o *Testamento* constitui, de alguma forma, a conclusão definitiva de um percurso identitário que se inicia com a elaboração da breve e simples *Proto-regra*, que depois se desenvolveu de forma mais ampla na *Regra não Bulada*, até assumir a sua definitividade na *Regra Bulada*. No *Testamento*, o santo completa este processo, assumindo novamente o papel de "formador" dos seus frades. E foi precisamente cuidando deles e de seu futuro que ele se preparava para o encontro definitivo com aquele que inicialmente os havia dado e lhes havia confiado. Ele volta para eles a sua atenção final, reconhecendo que esse Deus lhe havia indicado o caminho principal para chegar à vida, aquele que conduz aos irmãos e os reconduz ao Pai.

2. Ao reconstituir os acontecimentos que levaram à escrita do *Testamento*, salta os olhos um dado muito surpreendente: o silêncio absoluto a seu respeito por parte das fontes oficiais. Embora o santo tivesse atribuído a essa escrita, como recordaremos, um valor absoluto, nem Tomás de Celano nem Boaventura da Bagnoregio, ou seja, os dois biógrafos oficiais, dão alguma informação acerca do texto, como se este nunca tivesse sido composto. Para compreender as possíveis causas desta escolha é necessário recordar que o *Testamento*, deixado pelo santo como uma herança "preciosa", foi imediatamente percebido pelos frades como um legado testamentário "difícil", uma vez que acarretou graves consequências para a Ordem, tornando-se até um obstáculo ao seu desenvolvimento. A solução foi encontrada em 1230, quando o Capítulo Geral enviou um grupo de frades, entre os quais o Irmão Antônio de Lisboa (isto é, Santo Antônio de Pádua), ao Pontífice Gregório IX, a fim de lhe pedir não só que resolvesse algumas das suas dúvidas quanto à *Regra*, mas que primeiro determinasse o valor jurídico do *Testamento*, isto é, se acaso este teria força obrigatória como a *Regra*, segundo o que Francisco havia ordenado expressamente. O papa, depois de ter escutado e acatado os pedidos dos frades, envia uma bula papal com a qual declara sem validade jurídica o último texto escrito pelo santo:

> Pois bem, de qualquer forma nós acreditemos que o referido confessor de Cristo teve uma intenção louvável ao ditar esse mandamento e que também vós tendes no coração de cumprir fielmente os seus justos mandamentos

> e santos desejos, no entanto nós, preocupados com os perigos das almas e as dificuldades que vos possam incorrer por causa dessas coisas, tirando a dúvida dos vossos corações, afirmamos que vós não sois obrigados a observar este mandamento [Testamento] (*Quo elongati* 3).

Isto explica, talvez, a razão pela qual as hagiografias oficiais se silenciaram acerca desse texto, sem discorrer coisa alguma quanto a quando, onde e por que fora escrito por Francisco: foi necessário esquecê-lo porque, mais do que ajudar a observar a *Regra*, como tinha afirmado Francisco, o Testamento constituía motivo de conflito e divisão.

No entanto, informações valiosas, ainda que fragmentárias, acerca desse texto provêm da *Compilação de Assis*. Muitas vezes utilizado este precioso acervo de memórias ligadas aos primeiros companheiros os quais, no momento em que reuniram os seus florilégios para enviar ao Ministro-geral Crescenzio da Jesi, viviam numa posição marginalizada nos confrontos em relação à liderança da Ordem e eram críticos das escolhas feitas pela grande comunidade, julgadas não em continuidade com tudo quanto o santo teria desejado. O recurso ao *Testamento*, citando muitas vezes passagens como prova da vontade de Francisco, constituía para eles um importante instrumento para confirmar implicitamente a sua posição, reforçada e garantida por um refrão amiúde presente na sua coleção de memórias: "*Nós, que estivemos com ele*".

3. Voltemos, portanto, ao nascimento do "pequeno" *Testamento de Sena* como ponto de partida de uma elaboração final que terminará perto da morte do santo com a segunda grande versão de Assis. Existem várias informações à nossa disposição para reconstruir os eventos que se desenrolaram a partir

de abril de 1226, quando Francisco, estando na cidade toscana para tratar os olhos, teve uma grave crise de saúde que o fez temer sua morte. Tomás refere-se à sua presença naquele local pela primeira vez na *Primeira Vida*, no qual o hagiógrafo, além de fixar a hora dos acontecimentos, descreve com precisão a difícil situação de saúde:

> Seis meses antes de sua morte, estando em Sena para cuidar da doença dos olhos, começou a ficar gravemente enfermo em todo o resto do corpo. Seu estômago se desfez pelos problemas contínuos e por males do fígado, e vomitou muito sangue, parecendo estar quase à morte (1Cel 105).

Naquele contexto, aconteceu algo muito particular, acerca do qual Tomás se silencia, mas que é narrado em detalhes pela *Compilação*, a qual relata o pedido feito ao santo pelos frades que estavam ao seu lado. Temerosos do perigo de sua morte iminente, dirigiram-se a ele com uma oração sincera:

> Pai, que vamos fazer? Abençoa a nós e aos teus outros irmãos. Além disso, deixa aos teus frades alguma lembrança da tua vontade, para que, se o Senhor quiser chamar-te deste século, os teus frades sempre possam dizer e ter na memória: "Nosso pai deixou estas palavras para seus filhos e frades em sua morte" (CA 59).

Ele cumpriu o desejo deles ditando o "pequeno" *Testamento*, também conhecido como "*Testamento de Sena*", ao Irmão Bento de Prado, chamado para a ocasião:

> Como por causa da fraqueza e da dor da doença não consigo falar, manifesto brevemente nestas três palavras a minha vontade para os meus frades, isto é: que em sinal da lembrança de minha bênção e de meu tes-

> tamento, sempre amem uns aos outros, sempre amem e observem nossa senhora, a santa pobreza, e que sempre permaneçam fiéis e submissos aos prelados e a todos os clérigos da Santa Mãe Igreja (CA 59).

É interessante notar um dado preliminar: este breve escrito já é definido por Francisco como "recordação" e "bênção", isto é, "o meu testamento". Pode-se imaginar que o pedido dos frades tenha dado ao santo uma perspectiva a respeito da qual, talvez, ele não tivesse pensado até aquele momento: deixar-lhes algo de si que ficasse como "última vontade", a entrega final de algo escrito que os ligasse diretamente a ele para além da morte.

Naquele ditado de Sena, executado seis meses antes da sua morte, ele entregou em herança três temas, nos quais condensou os pilares da sua existência, confiando-os como programa fundamental da sua identidade minoritária: "amar-vos entre vós, amai a pobreza, amai a Igreja". Nos três compromissos ele tinha encontrado o seu próprio modo de viver segundo a forma do Santo Evangelho, isto é, seguir Cristo; e, então, se morresse, por meio daquele breve texto deixava a sua herança preciosa, entregue a eles, tanto como "lembrança" da via que fora a sua para a vida, quanto, por consequência, como "bênção" dada a todos os que permaneceriam fiéis àquelas escolhas identitárias.

4. A irmã Morte, porém, não chegou de imediato, e ele teve ainda algum tempo para retomar o que fizera de modo breve e em contexto de urgência. Com efeito, poderíamos afirmar que depois de maio, a partir daquela breve memória testamentária, começou para Francisco o tempo dos "testamentos", ou seja, o período no qual quis despedir-se dos seus, escrevendo diversos bilhetes de saudações e bênçãos: a Bernardo (cf. CA 12), a Clara (cf. CA 13) e a Frei Jacoba (cf. CA 8). Ele sabia que a morte

estava próxima; e dizer "olá" ao seu povo tornou-se não apenas um desejo, mas também uma necessidade. Nesse contexto, o "grande" Testamento, que ele escreverá nos derradeiros meses de vida, constituirá a retomada e a ampliação da sua despedida dirigida a todos os frades, a qual se iniciara em Sena. Nem vinte anos antes tinha nascido aquela aventura comunitária, e dela – ele o sabia bem – estava prestes a despedir-se para sempre; deixar aquele texto significava, então, agradecer a todos os frades pelo que viveram juntos e, ao mesmo tempo, permanecer presente entre eles para além da morte, para acompanhá-los no seu caminho futuro.

Os acontecimentos subsequentes àquela grave crise de saúde em Sena são bem conhecidos. É novamente Tomás quem fornece mais informações a respeito da evolução da doença do santo e a respeito dos movimentos daqueles últimos meses, quando foi trazido de volta da cidade toscana para Assis. Ao receber a notícia do súbito e dramático agravamento do seu estado de saúde, o Irmão Elias, ministro-geral da Ordem, "veio apressadamente de longe" (1Cel 105); depois, notando uma ligeira melhora nas suas condições, convenceu Francisco a transferir-se para as Celas de Cortona, um lugar a meio caminho entre Sena e Assis. Porém, passados alguns dias, a situação voltou a agravar-se: "a barriga inchou, as pernas e os pés enrijeceram-se e o estômago piorou tanto que lhe era quase impossível ingerir alimentos" (1Cel 105). A essa altura, o próprio Francisco quis ser trazido de volta a Assis, uma decisão que alegrou toda a cidade, pois "o povo esperava que o santo de Deus terminasse os seus dias dentro dos seus muros" (1Cel 105). O alojamento que lhe fora preparado se situava no palácio do bispo (1Cel 108), penúltima parada, talvez até finais de setembro, quando, notando o fim iminente,

Francisco pediu para ser transportado para a Porciúncula e aí, para o local dos começos, aguarda a chegada da irmã morte.

O "grande" Testamento de Assis

1. Pode-se imaginar, por conseguinte, que, naquele período em que permaneceu no paço episcopal, em lugar mais adequado e mais cômodo, para que fosse tratado e para que fosse ajudado a suportar a enfermidade, Francisco quis retomar aquela breve tentativa que fizera em Sena e levá-la a termo.

Informações precisas e detalhadas acerca da redação do *Testamento* não são fornecidas nem mesmo pela *Compilação*. No entanto, informa-nos um fato interessante: ao lado dele, como havia acontecido com o breve texto anterior, Francisco tinha um escriba, que permanecia anônimo, a quem ditava o texto de vez em quando. Muitas vezes, de fato, referindo-se a passagens daquele escrito, a fonte hagiográfica repete o refrão "como havia escrito no *Testamento*".

Também pelo tipo de escrita pode-se ter por certo que houve trabalho de natureza redacional: ao lado de trechos de boa qualidade textual há outros em que, pelo contrário, se faz sentir o falar de Francisco, o qual, talvez, ditava em latim pobre, com claras influências itálicas. Deve-se supor, portanto, que o santo não estava sozinho na escrita: a sua situação de saúde não lhe teria permitido fazê-lo; ao lado dele estava, talvez, o Frei Leão, seu amigo e secretário, que além de consolá-lo com o canto – como veremos no momento de sua morte – colocou à disposição de Francisco seus bons dotes de escriba.

2. O desejo do santo de retomar e completar aquilo que havia dito de forma breve e simples em Sena é evidente na notação

final do *Testamento*, com a qual quis precisar não só a natureza, mas também o conteúdo e os objetivos daquele texto:

> E não digam aos frades: "Esta é outra Regra", porque esta é uma recordação, admoestação, exortação e o meu testamento, que eu, Frei Francisco, pequenino, faço a vós, meus irmãos benditos, para isto: para que mais catolicamente observemos a Regra que prometemos ao Senhor (Test 34).

A exclamação relatada pelo santo quanto ao que os frades diziam, provavelmente porque estavam um pouco preocupados com o que ele escrevia, revela uma clara tensão. Embora os frades soubessem que Francisco não só tinha aceitado, mas também participado na redação da *Regra*, todavia conheciam suas prováveis reclamações acerca da insuficiência daquele texto, mostrando mesmo em certos casos o desejo de esclarecê-lo e completá-lo. Os frades, portanto, falaram de tudo isso em voz baixa, e fizeram com medo uma pergunta séria: "Estará o Frei Francisco escrevendo outra *Regra*?"

A estes medos não expressos, mas certamente difundidos dentro da fraternidade, ele responde inequivocamente: Não! Ele não tinha nenhuma intenção de escrever "outra Regra", nem queria impor a sua vontade contra ou além do que já estava estabelecido na *Regra*. Ele não queria abolir o texto bulado pela Igreja, mas ajudar os frades a observá-lo de forma mais católica, isto é, mais completa. E o faria por meio daquele último escrito, que lhes foi entregue como "texto de serviço" da *Regra*, porque o que lhes deixava como herança foi o seu "testamento".

O termo, já empregado – como se viu – para qualificar o breve texto de Sena, acha-se, neste caso, posto em relação a outras três qualificações preliminares; naquele senense, a definição de "testamento" seguia o duplo termo de "recordação" e de "bênção"; neste, ao contrário, está em relação a uma tríade com a qual definia o escrito inteiro: "recordação", "admoestação" e "exortação", isto é, "o meu Testamento". Com efeito, o conteúdo geral do escrito corresponde ao duplo núcleo temático das três qualificações: por um lado é memória e recordação (Test 1-23), por outro é admoestação e exortação (Test 24-33). O que ele deixou em herança aos frades, a fim de que os ajudasse a viver melhor e com maior fidelidade à *Regra*, constituía, portanto, tanto uma "memória do passado", para que lhes recordasse as obras cumpridas por Deus na vida dele quanto, por consequência, uma "exortação e admoestação para o presente", para que lhes indicasse escolhas precisas que eles haviam de assumir com fidelidade à *Regra*. Releiamos os dois blocos do *Testamento* para reconstruir e refazer os objetivos perseguidos pelo santo nesta concessão testamentária.

3. A primeira e fundamental herança deixada por Francisco coincide com as memórias relativas aos inícios da sua experiência, narrada como acontecimentos tão simples nos fatos quanto maravilhosos nos efeitos, posto que todos foram realizados por Deus. A sua história no fundo fora uma "história teológica": tal é a sua consciência ao olhar para aqueles anos distantes, que ainda permaneciam na sua memória como um tempo de graça durante o qual Deus o surpreendeu constantemente. O início do *Testamento* resume com perfeição esta perspectiva geral deixada em herança aos frades: "O Senhor me deu, Frei Francisco, que começasse a fazer penitência" (Test 1). Toda a história se resume no encontro entre dois protagonistas: Deus e Francisco, em que o primeiro é aquele que conduz os acontecimentos, o segundo, porém, é aquele que se disponibiliza para acolher aquelas novida-

des. É precisamente esta história de salvação que Francisco quer deixar como primeira e fundamental herança preciosa.

Àquela observação geral devemos acrescentar imediatamente um segundo aspecto, relativo à brevidade de tempo dos fatos narrados por Francisco, limitado aos primeiros tempos da sua história, quando recebeu de Deus uma resposta, antes de mais nada, acerca de sua identidade pessoal (Test 1-13) e depois acerca daquela comunitária (Test 14-23). Voltando à imagem da ponte com a qual abrimos este livro na introdução, pode-se afirmar que Francisco, ao referir-se às memórias relativas aos anos entre 1207 e 1209, quis olhar para trás, para aquela terra do início, uma terra humilde onde Deus o encontrou, fazendo-o viver acontecimentos de conversão que se tornaram alicerces sólidos e pontos de apoio para o resto da sua vida. Três, em particular, são as memórias de "penitência-conversão" lembradas pelo santo e entregues aos frades como referências para a sua identidade.

O primeiro episódio lembrado está ligado ao encontro e permanência entre os leprosos. É absolutamente surpreendente a narrativa que o santo oferece daquilo que determinou decisivamente não só o início da sua vida cristã, mas também o resto da sua existência:

> Como estava em pecado, parecia-me por demais amargo ver leprosos e o próprio Senhor me levou para o meio deles, e fiz misericórdia com eles. E afastando-me deles, aquilo que me parecia amargo converteu-se em doçura da alma e do corpo; e depois parei um pouco e saí do século (Test 1-3).

Daquela permanência entre os leprosos ele recorda dois aspectos "chocantes", que o seguiram para sempre. Em primeiro lugar, graças a eles experimentou com segurança a presença de

Deus na sua vida; de fato, só a sua mão o poderia conduzi-lo a viver entre os leprosos, entre aqueles que tinha sempre rejeitado e evitado como coisa amarga. Somente quando punha em prática a própria atuação podia explicar esses acontecimentos: Deus o tinha conduzido entre eles e eles o fizeram encontrar com Deus.

Além disso, naquele contexto viveu uma experiência incrível e chocante, que "converteu" completamente os sabores e a lógica da sua vida: "Usai com eles misericórdia". Tal reviravolta de seu modo de agir fez um milagre: justamente no momento e no lugar onde pela primeira vez não procurava mais nada para si, encontrou o que sempre desejava, ou seja, foi libertado da amargura de uma vida insatisfeita, apesar do seu bem-estar econômico e da sua posição social, e encontrou a doçura de ter se tornado um homem livre e leve, porque era irmão de menores e, portanto, o irmão mais novo. No leprosário, onde a morte parecia reinar, ele descobriu o caminho para a vida no instante em que entregou o seu coração àquelas pessoas miseráveis (*mi-seri-cor-dare*). Em suma, entre os leprosos, além de ter encontrado Deus, encontrou-se também consigo mesmo, no espanto de uma novidade que lhe encheu o coração e a mente, dando-lhe uma nova perspectiva de toda a sua existência.

O segundo momento da sua conversão-penitência foi mais uma vez um dom especial que Deus lhe concedeu: a fé na Igreja e nos sacerdotes (Test 4-13). Embora não seja afirmado com precisão no texto, pode-se imaginar que naqueles versos ele pensava no período passado em São Damião, do qual partilhou duas experiências particulares com os frades. A primeira está provavelmente ligada ao que viveu diante da cruz presente naquela igreja, acontecimento cuja memória o acompanhou durante toda a sua vida graças à recitação diária daquela oração que brotava do seu coração naquele momento. Já mencionamos esse texto, mas vale a pena lê-lo novamente:

> E o Senhor me deu tal fé nas igrejas, que assim simplesmente orava e dizia: Nós te adoramos, Senhor Jesus Cristo, também em todas as tuas igrejas que estão em todo o mundo, e te bendizemos, porque pela tua santa cruz redimiste o mundo (Test 4-5).

Cada vez que o repetia, Francisco ainda se lembrava dos olhos abertos, vistos no crucifixo daquela igreja, que o tinha feito converter-mudar, como já dissemos, à Boa-nova do Evangelho, ao amor de Deus dado para o mundo inteiro sem reservas e para sempre.

A outra memória ligada a esse período vivido em São Damião, depois do que viveu entre os leprosos, está sempre ligada ao dom da fé, cujo objeto, porém, já não é mais a cruz, mas a dimensão eclesial de sua vida. Assim como as igrejas de alvenaria preservaram e anunciaram em si o mistério do amor crucificado, o mesmo acontecia com a Igreja-instituição que, apesar da sua pobreza e das suas contradições, constituía o lugar sacramental da presença viva de Deus. Francisco tinha compreendido com clareza tudo isto graças à proximidade afetuosa e à convivência amigável, naquele tempo de São Damião, com o pobre sacerdote que ali oficiava (LTC 22), de quem, apesar da sua indignidade, recebia todos os dias, para seu grande espanto e alegria, o dom da Eucaristia. A memória daquele tempo de fé eclesial nos escritos do santo tornou-se até uma advertência e uma exortação dirigida aos frades; e assim, reiterando para si aquele estilo submetido à Igreja, aprendido e escolhido naquele tempo inicial, ele também o lembra e o pede indiretamente aos frades. Vale a pena ler a passagem inteira:

> Depois o Senhor me deu e dá tanta fé nos padres, que vivem segundo a forma da Santa Igreja Romana, por causa de sua ordem, que, se eu sofrer em perseguição, quero recorrer a eles mesmos. Se você tivesse a sabedoria que teve Salomão, se você conhecesse os pobres padres deste século, eu não queria rezar além da minha vontade nas paróquias. E a eles e todos os outros quero temer, amar e honrar como a meus senhores. E não quero considerar pecados neles, porque neles enxergo o Filho de Deus, e são meus senhores. E o faço por isto: porque nada vejo corporalmente neste século do mesmo Filho de Deus, senão o Santo Corpo e o seu Santo Sangue, que eles recebem e só eles administram aos outros.
>
> E eu gostaria que os santíssimos mistérios estivessem sobre todas as coisas, para que fossem honradas, veneradas e colocadas em lugares preciosos. Os nomes santíssimos escritos com suas palavras, onde quer que os encontre em lugares ilícitos, quero coletá-los e rogo para que sejam recolhidos e colocados em lugar honroso. Devemos também honrar e venerar todos os teólogos e aqueles que nos administram com as santíssimas palavras divinas, como aqueles que nos administram em espírito e em vida (Test 6-13).

A terceira e última memória daqueles inícios de conversão diz respeito à chegada dos seus primeiros companheiros, lembrada como mais um dom surpreendente e inesperado que Deus lhe deu. Já tivemos a oportunidade de ler os dois versículos com que Francisco narra esses inícios de graça quando, surpreendido pelo pedido de alguns de querer viver com ele, não sabia "que coisa fazer" com eles, mas "o próprio Altíssimo lhes revelou que deviam viver segundo o santo Evangelho", uma intuição que imediatamente se tornou um texto curto e simples apresentado ao papa (Test 14-15).

A esta memória geral da chegada dos irmãos e da revelação da forma de liderar juntos, o santo acrescenta imediatamente uma série de cinco memórias, relativas à qualidade de vida da primeira fraternidade, e mostra as suas principais características evangélicas.

> E os que vinham levar a vida davam aos pobres tudo o que podiam ter, e estavam contentes com uma única túnica, remendada por dentro e por fora, com o cíngulo e as bragas. E não pedimos mais três vezes. Os clérigos dizíamos o Ofício segundo os outros clérigos, os leigos dizíamos: Pai-nosso; e ficamos nas compras muito de boa volta. Éramos todos analfabetos nos assuntos de todos. E eu trabalhei com minhas mãos, e quero firmemente que todos os outros frades trabalhem em trabalho que convém à decência. Quem não sabe, aprenda, não pela cobiça de receber o preço do trabalho, mas pelo exemplo e para repelir a ociosidade. E quando não nos derem o preço do trabalho, voltemos correndo para a mesa do Senhor, pedindo esmolas de porta em porta. Uma saudação me revelou o Senhor, que disséssemos: O Senhor te dê a paz (Test 16-23).

A estas memórias voltaremos entre um momento, passando para a parte admoestativa do *Testamento* (Test 24-33). Antes de fazer isso, porém, vale a pena ressaltar um elemento não secundário no desenvolvimento narrativo dos três momentos iniciais recordados por Francisco, relativos à experiência de misericórdia dada à pobreza dos leprosos (Test 1-3), relativos à memória da escolha eclesial como submissão à Igreja (Test 6-13), e, por fim, relativos à surpresa pelos irmãos recebidos de Deus como dons preciosos (Test 14-23). Observando as três passagens narrativas, não é difícil notar que elas, em nível de conteúdo, complementam perfeitamente o que Francisco exortou no breve

Testamento de Sena, no qual tinha confiado aos frades o triplo compromisso: amar a pobreza, submeter-se fielmente à Igreja e amar-se reciprocamente. O que ele havia dito naquele caso, de forma breve e admoestativa, torna-se, aqui, a narração de memórias precisas, colocadas como base de identidade da forma específica de seguimento de Cristo lembrada pelos frades. Os três temas identitários, com as dinâmicas históricas das quais nasceram, constituíram a verdadeira riqueza de Francisco, a qual foi entregue como uma herança preciosa. Daquelas memórias e daqueles temas os frades deveriam, portanto, recomeçar se quisessem compreender quais escolhas deveriam fazer para viver o presente em fidelidade a esse passado e, consequentemente, poder planejar o futuro.

4. A segunda parte do Testamento (Test 24-33) representa precisamente a passagem da memória à admoestação, da narração à exortação para o presente, uma mudança evidenciada pelos tempos e modos verbais: dos verbos de passado narrativo aos verbos no presente imperativo. A esta primeira observação é necessário acrescentar uma segunda: os temas tratados e as soluções adotadas na nova seção pareciam ter sido preparados e justificados por Francisco sobretudo por meio das cinco memórias com as quais encerrou a descrição das características da vida levada na comunidade primitiva. Não é difícil notar que os temas da pobreza (Test 16-17), da oração litúrgica (Test 18), da submissão social (Test 19) e do trabalho manual (Test 20-22), prepararam o que será dito em forma imperativa na sequência. Vamos fazer deste material de advertência uma leitura curta.

O primeiro alerta diz respeito à escolha da pobreza, porém concentrada numa questão muito específica:

> Cuidem os frades que de nenhum modo recebam as lojas, habitações pobrezinhas e tudo que para eles se construíram, se não forem como convém à santa pobreza, que na Regra prometemos, sempre se hospedando como forasteiros e peregrinos (Test 24).

Evidente é a relação com o que ele recordava do estilo da primeira fraternidade acerca do mesmo tema: a condição de início, de serem sido frades vestidos com hábitos pobres e felizes por sê-lo (Test 16-17), deveria observar suas escolhas quanto ao modo de aparecer externamente nos lugares das suas casas, as quais deveriam se aceitar só na sua forma externa caso adequassem "ao que estava prometido na *Regra*".

Um paralelismo temático semelhante também emerge no pedido subsequente, tão exigente pelas suas consequências na vida dos frades como importante para a visão ideal de Francisco. A memória do estilo de vida do primitivo grupo de frades, caracterizado como "analfabeto e submisso a todos" (Test 19), certamente constituía a premissa para a posterior ordem absoluta de nunca defender a sua posição na sociedade, nem mesmo quando foram impedidos de pregar o Evangelho:

> Mando firmemente por obediência aos frades que, onde quer que todos estejam, não se atrevam a pedir letra alguma na Cúria Romana, por si ou por pessoa envolvida, nem para alguma igreja ou algum outro lugar, nem por aparência de pregação nem por perseguição aos seus corpos; mas onde quer que não for recebido, fujo para outra terra, para fazer penitência com a vitória de Deus (Test 25-26).

Um mecanismo semelhante entre memórias e admoestações está presente no último tema tratado por Francisco, relativo ao ofício divino. Ele recordava precisamente o estilo do início, quando os frades rezavam de bom grado nas igrejas por intermédio de uma recitação em que clérigos e leigos se dividiam entre si (Test 18); esta memória, decerto, preparou o duro texto que encerra a parte admoestativa em que o santo proíbe veementemente qualquer desvio do ofício que não fosse recitado "segundo a Regra":

> Se se encontrarem frades que não recitem o ofício conforme a Regra e que pretendam alterá-lo de outro modo, ou que não sejam católicos, obriga-se, por obediência, todos os frades, em qualquer parte em que se achem, a que, em qualquer parte em que encontrem algum desses, o façam comparecer perante o guardião mais próximo do lugar em que o tiverem encontrado. E o guardião seja firmemente obrigado, por obediência, a que o guarde com rigor, como um homem em prisão, de dia e de noite, de sorte que não se lhe possa tirar da mão, enquanto não o entregar em pessoa nas mãos de seu ministro. E o ministro lhe agradece firmemente, por pedir a enviá-lo por meio de tais frades, que o guardem de dia e de noite como homem na prisão, até que os presentes sejam apresentados ao senhor de Óstia, que é o senhor, protetor e corretor de toda a fraternidade (Test 29-32).

É clara, portanto, a relação entre as memórias do início do texto, aquelas ligadas sobretudo ao estilo de vida dos primeiros frades (Test 16-23), e os pedidos posteriores (Test 24-33) nos quais os primeiros preparavam esta última. Tal hipótese interpretativa é também confirmada por outro elemento tão surpreendente quanto revelador: mais de uma vez Francisco transforma as memórias ao inserir elementos históricos não inteiramente verdadeiros na descrição da situação inicial, mas eficazes para motivar e fortalecer o que foi então solicitado. Assim, por exemplo, a oração do ofício foi recitada, segundo Francisco, desde o início dividida entre leigos e clérigos, embora saibamos com certeza que rezavam juntos, distinguidos apenas pela diferença cultural, isto é, entre aqueles que sabiam ler e os que não o sabiam (RnB 3,7-9). Mesmo a afirmação segundo a qual, nos primeiros tempos, eram todos "analfabetos" (Test 19) não corresponde em nada à verdade: o próprio Francisco não o era, nem Bernardo, nem Leão, nem os outros primeiros companheiros, todos moderadamente alfabetizados, isto é, capazes de ler e escrever. Pode-se argumentar que Francisco contava "mentiras" acerca do início de sua história, a fim de ter uma razão definitiva para "ordenar firmemente" a todos os frades algumas escolhas para o presente.

A lógica subjacente sobre a qual o santo construiu o texto foi precisa: a memória daquilo que Deus tinha feito consigo mesmo e com os primeiros irmãos, no início, foi dada a todos os frades como uma herança da qual deveriam se basear para enfrentar o presente e organizar o futuro.

5. Tal abordagem permite-nos, então, compreender a importância atribuída pelo santo àquele seu documento. Na terceira e última parte do escrito (Test 34-41), depois de determinar a sua dupla natureza de *recordatio* e de *admonitio*, definindo-o na sua totalidade como *meum Testamentum*, o autor estabelece tanto o valor jurídico de todo o texto, colocando-o em estreita continuidade com a *Regra*, como o modo pelo qual os frades deveriam tê-lo utilizado como instrumento de compreensão:

> E o ministro-geral e todos os outros ministros sejam obrigados por obedecer a não acrescentar ou diminuir nestas palavras.
>
> E tenho sempre este escrito consigo junto da Regra. E em todos os capítulos que fazem, quando leem a regra, liam também estas palavras.

> E a todos os meus irmãos, clérigos e leigos, ordeno firmemente, por obediência, que não coloquem glosas na regra em palavras, dizendo: "Assim devem entender-se."
>
> Mas assim como o Senhor me deu de dizer e escrever simples e puramente a regra e estas palavras, assim simplesmente e sem glosa as entendais e com santas obras as guardeis até o fim (Test 35-39).

Em suma, pode-se afirmar que, com aquele último escrito, tão intimamente ligado à *Regra*, o santo deixa como herança aos frades, antes de tudo e essencialmente, a sua própria pessoa: "o meu Testamento que eu, Frei Francisco, pequeno, vos faço, meus irmãos bem-aventurados" (Test 34). Isto se repete no final quando, depois de ter implorado a "bênção do Altíssimo Pai" sobre "quem observa estas coisas" (Test 40), ele a confirma com a sua pessoa: "Eu, Frei Francisco, pequeno, vosso servo, pelo pouco que posso, confirmo a vós esta santíssima bênção por dentro e por fora" (Test 41). A eficácia com que os frades deveriam ler e compreender o *Testamento*, tornando-o instrumento para uma melhor observância da *Regra*, dependia, portanto, do vínculo que mantinham com aquele homem. A memória dele e de suas intenções representavam, em última análise, o caminho para a vida.

Por sua vez, o santo despediu-se, assegurando-lhes uma coisa: apesar das últimas dificuldades que viveu com eles, ainda sentia os seus frades como um dom, uma bênção recebida do Senhor. O cuidado que nutria por eles com aquele texto era a prova final disso, porque era a sua bênção. Não esquecer que o nome e os ideais da sua vida foram a sua bênção, porque nele encontrariam a memória do seu passado, a referência para o presente e a coragem para o futuro.

O caminho dos irmãos para o Pai que Francisco legou

1. Nos últimos meses de sua vida, Francisco percebeu claramente que era chegado o momento de recordar e de dizer adeus, ou seja, o momento de fazer um testamento, o tempo em que se deve tomar nas mãos o essencial da própria vida e entregá-lo aos outros. E o fez essencialmente ao reiterar o nome com que foi chamado no início, quando se colocou ao seguimento de Cristo: "Frei Francisco". Com ele, recordava a si mesmo e entregava aos seus irmãos uma dupla verdade constitutiva tanto da sua identidade humana e cristã como da preciosa herança que lhes foi deixada para o futuro.

Com a qualificação de "irmão", proclamou uma primeira verdade acerca de si mesmo: era irmão porque era filho de Deus. Qualificar-se como "irmão" significava reiterar a certeza de ter sido amado por Deus, que cuidou dele como um pai faz com seu filho. Caminhava para a morte na certeza do amor de Deus, experimentado muitas vezes e definitivamente reafirmado nas memórias do *Testamento*. Esta tinha sido a sua riqueza e permaneceu a sua segurança, com a qual ele foi capaz de dizer tanto um amém sem reservas, sem censuras ou arrependimentos à história passada, quanto um *maranatha* confiante e ansioso pelo futuro da vinda de Jesus. A sua vida era feita no caminho do Pai, porque com Ele foi "conduzido" atrás do seguimento do Filho, graças ao qual voltou para Ele.

No nome "Frei Francisco", ele reconhecia também outro componente importante da sua história pessoal: aquele Pai que está no céu lhe deu irmãos, pedindo-lhe que cuidasse deles. O caminho dos irmãos foi o caminho do Pai, cuja paternidade lhe pediu para acolher os outros como uma história de graça, vivendo com eles até o fim a gratuidade do serviço segundo a lógica do Evangelho e segundo o que ele tinha aprendido no seguimento de Cristo.

Na operação testamentária realizada com aquele texto final, Frei Francisco proclamava a Deus e confirmava aos seus irmãos a dupla verdade que fez sua vida e com a qual se entregou à morte: "Deus chamou-me filho, dando-me irmãos e me concedeu irmão para ser filho para sempre".

2. Quantas vezes a vida nos leva a viver momentos testamentários! Momentos nos quais se deve olhar para trás para fazer uma pergunta decisiva: quem sou eu? Ou, talvez, melhor ainda: quem eu fui? São momentos tão preciosos quanto constrangedores, porque suscitam perguntas que não são fáceis de responder.

Em todo o caso, Francisco recorda-nos que deve haver duas direções nas quais olharmos para encontrar uma resposta possível: antes de tudo, teremos de olhar para cima, perguntando-nos se o nosso caminho de vida foi acompanhado por um "Pai que está em céus", do qual ainda recordamos e narramos acontecimentos que Ele realizou em nós e em nosso redor com sua mão paterna; imediatamente a seguir, ou talvez ao mesmo tempo, somos chamados a olhar à nossa volta para perceber se fomos irmãos de irmãos, isto é, se temos a consciência e a força para trilhar o caminho em direção aos outros, assumindo um compromisso sério de cuidar e salvaguardar aqueles que a paternidade de Deus nos confiou como seus filhos.

Nesta relação binária entre o olhar testamentário dirigido para cima, para o céu, e, na terra, para a frente, Francisco, juntamente com Jesus, recorda-nos que o caminho dos irmãos é, no entanto, o último e definitivo para o qual dirigir a nossa atenção a fim de que, verdadeiramente, compreendamos se realmente caminhamos em direção ao Pai. Com o seu *Testamento*, Francisco diz-nos que o caminho para o céu não só começa, mas já se completa, nos caminhos dos homens, que são encontrados pelos irmãos, porque o caminho dos irmãos é o único que conduz verdadeiramente ao Pai.

Contar este caminho vivido por irmãos e com irmãos significa fazer um testamento, estar preparado e pronto para enfrentar aquele último acontecimento que nos leva finalmente de volta à casa do Pai que está nos céus.

6
Na Porciúncula: o caminho para a vida encontrando a Irmã Morte (3 de outubro de 1226)

Com o *Testamento*, Francisco despediu-se dos frades e reafirmou a sua identidade de filho e, portanto, de irmão. Estava pronto para o último trecho, aquele em que seria acompanhado pela irmã morte ao Pai. A reconstrução daquele tempo final torna-se um momento de grande importância para conhecer o Francisco definitivo, chamado a viver mais uma surpresa, aquela que ele sempre conheceu e, talvez, esperasse, mas que, no momento da sua chegada, assusta, pois é tão adverso ao desejo de vida. Ali, diante da irmã morte, foi chamado ao último trecho do seu itinerário, para ser percorrido mais uma vez com humildade e paciência, para fazer da sua fragilidade mortal o tempo e o espaço sagrado do encontro definitivo com aquele que é a vida eterna.

Sabemos muito a respeito dos acontecimentos daqueles últimos dias de sua vida graças a duas fontes. A primeira é o próprio Francisco, que nos deixou um testemunho dos seus sentimentos por meio da escrita de um último verso do *Cântico* dedicado à morte, um acréscimo feito a fim de se preparar para acolhê-la em louvor, como irmã, mas também para pedir a proximidade e o sustento de seus amigos. A outra fonte, a mais rica e detalhada em informações quanto aos acontecimentos daqueles últimos dias, está presente nas hagiografias. Também neste caso temos duas séries de narrativas que não convergem entre si: por um lado, as memórias preservadas na *Compilação de Assis* e, por outro, as histórias das biografias oficiais de Tomás de Celano, e, em particular, de Boaventura. Nelas, estamos diante de uma dupla perspectiva: no primeiro caso é narrada a morte de um homem que, "como homem", isto é, como homem necessitado, se entrega a Deus e se deixa ajudar pelos irmãos; a segunda descreve o falecimento glorioso "de um santo", admirado pelos seus irmãos como modelo de perfeição evangélica.

A morte de um homem cristão: a Compilação de Assis

Recorremos diversas vezes a esta coleção, com o cuidado de narrar os anos finais, os mais conturbados e complicados do santo. Mesmo nos últimos dias da sua vida, a coleção revela-se extremamente preciosa, oferecendo-nos um duplo bloco de histórias.

1. O primeiro está nos números 99-100. Estamos no período dos últimos meses, quando Francisco foi hospitalizado no palácio do bispo de Assis, onde teve tempo e oportunidade para escrever o *Testamento*. A escolha de ser internado num local cômodo e confortável não pode deixar de surpreender. Tinha vivido, de fato, uma vida dura e áspera, mas naquele último momento não desprezou aquele palácio, mais adequado do que outros para aliviar um pouco o seu sofrimento que – ele o sabia – o teria levado à sua morte.

Naquele momento vivido com o bispo, a fonte narra dois episódios muito interessantes. O primeiro diz respeito ao desejo de "dar conforto ao seu espírito, para que não desfaleça pelas suas duras e diversas enfermidades" (CA 99); neste, fez chamar alguns de seus frades para animá-lo com o canto de louvores a Deus. Tal prática, porventura, repetia-se com frequência; o que a fonte ainda assinala permite imaginá-lo: "Ele a fazia cantar até a noite, para edificação dos guardas que o vigiavam fora do palácio" (CA 99).

Mas como foi possível que um "santo", como agora era considerado pelas pessoas, em vez de rezar e se preparar para a morte, quisesse ser confortado e consolado pelo canto? Foi esta a pergunta, ou talvez a censura, que lhe dirigiu Frei Elias. Em última análise, o ministro-geral quis defender a boa reputação do santo, colocando na boca das pessoas aquela pergunta: "Como é possível que um, próximo da morte, demostre tanta alegria? Faria melhor pensar na morte" (CA 99). A resposta de Francisco é a de um homem que aceita as suas necessidades, sem ter de demonstrar uma heroicidade conforme às expectativas dos outros:

> "Irmão, deixa que eu me alegre no Senhor e em seus louvores, no meio de minhas doenças. Porque, com a cooperação da graça do Espírito Santo, estou tão unido e íntimo com o meu Senhor que, por sua misericórdia, bem que posso me alegrar no Altíssimo" (CA 99).

O episódio seguinte mostra o outro lado desta humanidade, tão "humana" em morrer. Os louvores o ajudavam a controlar um pouco a dor, mas não conseguiram eliminar completamente o medo da morte. Interessante neste sentido é o diálogo, contado no próximo número, entre Francisco e o médico que veio visitá-lo no palácio do bispo. Devido à sua reticência em comunicar plenamente a gravidade da situação, Francisco o convida a ser honesto e sem medo:

> Diz-me a verdade: que te parece? Não tenhas medo, porque pela graça de Deus eu não sou covarde, para ficar com medo da morte (CA 100).

É claro que ao lado do seu desejo pela verdade, ele também tremia diante dela. Ele estava a espera de um veredito, e o fazia como um homem frágil. E a resposta foi implacável, anunciando a sua morte iminente entre o final de setembro e o início de outubro. Na resposta dada a esse anúncio dramático, Francisco mostra e aceita o seu medo, mas, ao mesmo tempo, se coloca à disposição dos acontecimentos: "Abençoe a morte da minha irmã morte".

2. O segundo bloco de textos encontra-se no início da *Compilação*, ou seja, nos números 4 a 8, em que os acontecimentos se deslocam do palácio do bispo, em Assis, para o vale abaixo, na igrejinha da Porciúncula. Consciente da sua morte próxima, Francisco quis deixar a cidade e concluir o seu caminho terreno ali embaixo, na pobreza daquele casebre onde começou a seguir Cristo com os seus primeiros companheiros. Era inútil ficar acordado com o bispo, não havia mais nada que pudesse ser feito pela sua saúde, e por isso "fez-se levar numa maca para Santa Maria da Porciúncula" (CA 5). Ele iria encontrar a morte para abraçá-la, onde havia conhecido a vida.

Nesse contexto, a *Compilação* narra três episódios em que retorna à humanidade de um homem que se prepara para morrer. O primeiro episódio está ligado à descida rumo à Porciúncula, quando quis despedir-se de Assis. Depois de chegar ao vale e pedir para se voltar para a cidade, bendiz a Deus pelas maravilhas que realizou nele e sobre ela, e invoca a sua bênção para que "seja sempre o lugar e a casa daqueles que conhecem e glorifica o vosso bendito nome" (CA 5). É uma saudação de agradecimento e de bênção à sua cidade, que agora pertencia indissoluvelmente à sua identidade e idealidade: Frei Francisco de Assis.

E chegou à Porciúncula, à casa, ali onde iniciara uma história incrível e onde esta encontraria seu término. A consciência da sua situação foi-lhe lembrada por um frade anônimo o qual, em termos inequívocos, não só lhe recordou a iminência do fim, mas também a necessidade de ser um bom exemplo para os frades daqueles dias. Escutemos as palavras que o frade lhe dirigiu:

> Pai, saibas, na verdade, que, se Deus não mandar do céu o seu remédio para o teu corpo, tua doença é incurável e deves viver pouco, como também os médicos já disseram. Mas eu disse isso para confortar o teu espírito, para te alegrares sempre no Senhor interior e exteriormente, e principalmente para que teus frades e outros, que vêm te visitar, te encontrem alegre no Senhor, porque sabem e creem que vais morrer logo, que para eles que estão vendo isso, e para os outros que ouvirem depois de tua morte, fique a tua morte como lembrança, como foram para todos tua vida e comportamento (CA 7).

Ficou claro que o sofrimento daquela doença e o medo da morte iminente fizeram com que Francisco se sentisse abatido e triste. O frade sentiu, então, a necessidade de sacudi-lo para ajudá-lo a viver aquele último percurso na fé. Naquele contexto, e para cumprir esse chamado, Francisco sentiu a consciência de que uma ajuda importante para despertar do desespero e voltar ao louvor era, mais uma vez, a de cantar:

> "Então, se devo morrer logo, chamai-me Frei Ângelo e Frei Leão, para que me cantem sobre a irmã morte" (CA 7). A descrição da cena que aconteceu logo em seguida é linda e quase comovente:

> Esses frades se apresentaram diante dele e cantaram com muitas lágrimas o Cântico de Frei Sol e das outras criaturas ao Senhor, que o próprio santo fizera em sua doença para louvar ao Senhor e para consolar sua alma e a dos outros (CA 7).

Naquela ocasião, Francisco tinha acrescentado um verso final ao *Cântico*, com o qual quis completar o caminho de louvor traçado naquele texto: na primeira parte, tinha cantado as criaturas, depois, no acréscimo seguinte, o perdão entre os homens, e, finalmente, com aquele novo verso, quis celebrar a sua morte para torná-la o último ato de um canto de vida que tem a sua origem em Deus e nele o seu cumprimento definitivo:

> Louvado sejas meu Senhor,
> Por nossa irmã a morte corporal
> Da qual nenhum homem vivo pode escapar.
> Ai de quem morrer em pecado mortal.
> Felizes os que ela encontrar em tuas
> santíssimas vontades,
> Porque a morte segunda não lhes fará mal
> (Cnt 27-3; cf. CA 7).

Mais uma vez, portanto, Francisco encontrou ajuda para recuperar a alegria no Senhor, não tanto nos textos litúrgicos, mas no canto trovadoresco, na lauda medieval; com ela sempre conseguiu se expressar e se encontrar com Deus, e permaneceu a forma preferida de se preparar para o último encontro. Aquele homem, exausto pela doença, pede para ter ao seu lado bobos da corte que, embora aos prantos, possam ajudá-lo a fazer o que ele não conseguiria fazer sozinho naquele momento: acolher a morte em louvor.

O último ato daqueles dias é talvez o mais humano de todos, quando não só não teve vergonha de pedir-lhes que cantassem novamente, mas também de ter ao seu lado a nobre Jacoba de Settesogli, uma amiga muito querida por ele, cuja proximidade durante a vida significou muito. Ele sentia que naquele momento a presença dela o ajudaria a acolher aquela que lhe tiraria tudo. Enquanto a *Compilação* narra a tarefa dada a alguns frades de escreverem uma nota para avisá-la (cf. CA 8), outra fonte também fornece o texto ditado por Francisco para enviar a sua amiga:

> Irmão Francisco, pobre homem de Cristo, deseja a Senhora Jacoba, serva do Todo-Poderoso, saúde no Senhor e a comunhão do Espírito Santo.
>
> [...]
>
> Saiba, querida, que o bendito Cristo, por sua graça, revelou-me que o fim da minha vida está próximo.
>
> Portanto, se você quiser me encontrar vivo, tendo visto esta carta, corra para vir a Santa Maria dos Anjos. Porque se você não vier antes desse dia, não poderá me encontrar vivo.
>
> E traga com você um pano de saco para envolver meu corpo e a cera para o enterro. Peço-lhe novamente que me traga aqueles doces que você me dava quando estava doente em Roma (CJ 1-5).

Esse pedido, sem dúvida, não surgiu do desejo de simplesmente ter alguns doces ou roupas novas para vestir depois da morte; ele teria conseguido os dois também na Porciúncula. O motivo era outro: Francisco queria ter ao seu lado aquela que, com a sua amizade, lhe seguraria a mão no momento supremo e cuidaria do seu corpo depois da morte.

A narrativa que a *Compilação* oferece acerca daqueles últimos dias é tão comovente quanto realista ao descrever a morte de um homem cada vez mais débil e frágil, e, ao mesmo tempo, cada vez mais necessitado de proximidade e de ajuda.

Quando Dona Jacoba chegou de Roma – inspirada por Deus e não porque tivesse recebido a carta –, às objeções dos frades quanto à possibilidade de ela entrar no claustro onde jazia o doente, a resposta dada por Francisco nada tinha de perplexidade: "A proibição não se aplica a esta senhora" (CA 8). O seu encontro é descrito com poucas palavras, mas capaz de mostrar todo o carinho que ligava aquela senhora a Francisco: "Então ela entrou, derramou muitas lágrimas diante dele, o santo Francisco".

A cena com a qual se estava para terminar toda a vida de Francisco, com a amiga ao seu lado, surpreende pela dramática simplicidade na descrição da morte daquele homem:

> A senhora preparou um dia para o santo pai aquela comida que ele desejava comer; mas ele só comeu um pouquinho, porque a cada dia seu corpo estava definhando pela grave doença e estava ficando mais perto da morte (CA 8).

A presença carinhosa dela e a tentativa dele de provar os seus doces constituem os últimos atos registados pela *Compilação* ao narrar aquela morte, em que Francisco aceita que necessita de consolo e proximidade, de amizade e ternura. É neste contexto de humanidade que Francisco encontra Deus:

> E foi feito como agradou a Deus, pois naquela semana em que veio Dona Jacoba, o bem-aventurado Francisco migrou para o Senhor (CA 8).

Morre um homem que, com suas necessidades e medos, procura consolo e encorajamento, que deseja música e doces, que quer que sua gente, ao seu lado, ajude-o naquele encontro final tão desejado, mas também tão exigente e, talvez, até muito temido.

A morte de um santo semelhante a Cristo: a vida hagiográfica oficial de Boaventura

1. A tradição das biografias oficiais, ou seja, a de Tomás de Celano e a de Boaventura, ignoram ou deixam de fora todas estas histórias para, em vez disso, apresentar a morte de um homem perfeito, já completamente liberto do peso da carne e projetado em Deus. Nos textos oficiais, ele é o santo que antecipa seu encontro final na morte tornando-se modelo para os outros, isto é, mostrando-lhes que sua humanidade já estava completamente libertada de suas próprias necessidades, porque agora se tornou pura transparência daquele que ele havia imitado na terra, Jesus Cristo crucificado. Todos os elementos narrativos da *Compilação* que se referem a um homem necessitado são eliminados: não há menção ao palácio do bispo, à estadia num lugar confortável e rico que teria ofuscado a perfeita pobreza e dureza da vida do santo; não se fala do diálogo com o médico, não há menção às canções solicitadas aos frades, não há menção ao verso acrescentado ao Cântico e muito menos à presença de Dona Jacoba e ao desejo de Francisco por doces. Nas biografias morre um santo, o herói cristão, o grande lutador que se coloca como exemplo de perfeição cristã para seus frades.

2. Não é possível reconstituir as histórias das biografias oficiais de Tomás e de Boaventura em todas as suas particularidades e diferenças. De um modo geral, pode-se observar, porém, que as imagens e as soluções hagiográficas introduzidas por Tomás de Celano para ilustrar a morte "gloriosa" do santo serão retomadas e ampliadas por Boaventura, o qual organiza aquele material e lhe confere um desenvolvimento teológico preciso capaz de mostrar com clareza e precisão a sublimidade da experiência mística alcançada pelo santo precisamente naqueles acontecimentos finais.

Em nossa leitura, limitamo-nos à última elaboração editorial desse processo narrativo, representado pela *Legenda Menor* de São Boaventura. Neste texto, o mais conhecido pelos frades ao longo dos séculos por ter sido utilizado na liturgia de sete dias em preparação à festa do santo, o autor abrevia a *Legenda Maior*, mantendo na história o essencial daquela gloriosa manifestação da perfeita santidade de Francisco.

No relato de Boaventura descreve-se a sua morte como liturgia solene, composta de sinais e de símbolos, por meio dos quais o santo faz de si mesmo a reapresentação da figura de Cristo. Sem que se precisem nem os lugares nem os tempos – isto é, omite-se a notícia embaraçosa, para um santo modelo de pobreza e de penitência, de sua permanência no paço episcopal –, Boaventura principia o relato da morte e informa ao leitor de que "ele pediu que o levassem a Santa Maria da Porciúncula, porquanto queria pagar o seu débito para com a morte" (Lm. 7,3). Houve um encontro ao qual o santo, consciente da sua importância, dirigiu-se, como o cavaleiro para com o seu adversário.

Transportado até a Porciúncula (sem, no entanto, contar a história da bênção dada por Francisco à sua cidade de Assis), quis fazer um primeiro gesto simbólico para confirmar a si mesmo e mostrar ao mundo a verdade fundamental que sustentou sua existência e que, naquele momento, constituía sua força contra a morte:

> Chegado a esse local e querendo mostrar pelo exemplo que nada tinha de comum com o mundo, nesta doença que deveria ser a última, mandou que o colocassem nu sobre a terra, a fim de nesta última hora, em que o inimigo desfecharia talvez contra ele o último assalto, ele pudesse lutar nu contra um adversário (Lm 7,3).

A luta, travada desde o início da sua conversão, foi de fato travada contra o mundo, no desejo de se desligar completamente dele e alcançar assim tal nudez que o tornaria esquivo ao inimigo. A força deste lutador, armado com a armadura invencível da pobreza, deveria manifestar-se plenamente através da visibilidade simbólica daquele último ato: permanecer algum tempo nu na terra nua e ali, forte e esquivo, encontrar, lutar e vencer o seu oponente.

O segundo gesto importante é dirigido aos irmãos. Francisco, lutador indomável e herói triunfoso, quis terminar a sua vida rodeado de "todos os frades presentes naquele lugar" (e não de uma mulher com os seus doces), para deixar-lhes um exemplo que permaneceria para sempre. Depois de ter entregado a eles "em testamento, por direito de sucessão, a posse da pobreza e da paz", exortou-os "a manterem-se fixados nas realidades eternas" e desprezarem as coisas terrenas (Lm 7,4); depois, com um ato solene, colocou os braços em forma de cruz e quis abençoar a todos, enquanto estavam reunidos como tantos "filhos [...] ao seu redor, patriarca dos pobres" (Lm 7,4).

O terceiro e definitivo gesto foi feito para Deus, o qual, "onipotente, altíssimo e bom Senhor", foi o verdadeiro e constante interlocutor da sua vida. Aquele que inicialmente mudou sua existência torna-se o último de quem ele queria se despedir antes de finalmente conhecê-lo na glória:

> Depois pediu que lhe lessem o Evangelho segundo João, a começar do versículo: "Antes da festa da Páscoa"; queria ouvir nele a *voz do Dileto que batia à porta*, e do qual o separava já somente a parede da carne. Por fim, como se haviam cumprido nele todos os mistérios, e porque rezava e salmodiava, o homem bem-aventurado *adormeceu no Senhor*. Aquela santíssima alma, desligada da carne, imergiu-se no abismo da claridade eterna (Lm 5.1-2).

Todos os elementos conduzem à mesma notícia: faleceu um "santo", que precisamente naquele momento supremo confirmava e completava o que já havia manifestado com os estigmas. Toda a sua existência foi um caminho ordenado e ascendente rumo à sublimidade da perfeição; a morte foi seu cumprimento final e manifestação plena.

3. As palavras com que Boaventura abre o último capítulo da *Legenda Maior* são de extremo interesse para a compreensão das intenções gerais que orientaram a narração daqueles acontecimentos finais. Depois que narrou a gloriosa morte no capítulo XIV, o hagiógrafo de Bagnoregio inicia o capítulo seguinte, dedicado à canonização de 1228 e à trasladação do corpo, a qual ocorreu em 1230, com estas considerações recapitulatórias da vida do santo:

> Francisco, amigo e servo do Altíssimo [...], fundador e chefe da Ordem dos Frades Menores, propagador da pobreza, modelo de penitência, pregador da verdade, espelho de santidade e exemplo acabado da mais alta perfeição evangélica. O Senhor que havia dado uma glória magnífica ainda em vida a este homem admirável, riquíssimo na pobreza, sublime na humildade (LM 15,1).

O modo de encontro com a morte constituía, portanto, para Boaventura, o ato definitivo de desvelar uma verdade progressiva, manifestada em toda a sua existência e já evidenciada nos estigmas: nela, sua carne, com as suas paixões e os seus medos, estava agora completamente superada para fazer caminho para a perfeita semelhança com Cristo. Francisco tornou-se um homem novo, que não sofreu a morte, mas passou por ela, para finalmente chegar aonde já havia chegado parcialmente com o seu triunfo sobre a carne. O "Irmão Francisco" já não existia: tornara-se "São Francisco", o resplandecente e triunfoso cavaleiro de Cristo que, com a sua pobreza, forma absoluta de conformidade com o Senhor, tinha vencido também a última e definitiva batalha para, assim, merecer o lugar mais alto do céu entre os serafins.

O caminho de vida que Francisco nos legou

1. Duas formas de narrar aqueles últimos dias: a primeira fala da morte de um "homem cristão", na qual Francisco aceita ser um "fradezinho", entregando-se a Deus e aos seus irmãos com os seus medos e necessidades; a outra, a de um "herói santo", capaz de dominar a morte, acolhida e gerida como uma grande liturgia celebrada sobre si mesmo pelos frades e diante de Deus.

É difícil dizer qual leitura está mais próxima da verdade dos fatos. Contudo, parece-me que posso afirmar que a admiração despertada pelas histórias boaventurianas não vale o consolo oferecido pelas narrativas que vêm da *Compilação de Assis*. Seria bom, de fato, morrer como herói sem ter de nos submeter à humilhação da nossa fragilidade definitivamente evidenciada pela morte. Seria bom poder ser como São Francisco apresentado por Boaventura: consciente e livre até o fim; exemplo de santidade, forte e confiante no momento da morte. No entanto, a história dos companheiros transmitida pela *Compilação*, aquela eliminada das biografias oficiais, constitui um encorajamento para todos os homens que viveram o medo e a perplexidade daquela última fragilidade definitiva que a morte representa.

O Frei Francisco que sofre, que tem medo e que pede ajuda e proximidade no momento supremo de sua existência consola as nossas incertezas e encoraja-nos a não ter vergonha diante da necessidade de uma mão amiga e de uma presença querida que nos conforte. Se a santidade heroica que Francisco vivera na morte narrada por Boaventura faz sonhar o leitor, oferecendo-lhe as perspectivas de um homem forte e triunfante mesmo no momento da morte, o homem humano da *Compilação* ajuda, pelo contrário, a aceitar o limite e a fragilidade de quem somos, na certeza de que seremos acolhidos na casa do Pai não porque sejamos heroicos, mas porque somos humanos.

2. Sua morte oferece uma segunda série de reflexões finais. O último caminho de vida traçado por Francisco, aquele em que finalmente se viu confrontado com a sua pobreza radical e não escolhida, mas imposta pela sua própria humanidade mortal, recorda a cada um de nós uma verdade fundamental: chegamos a nós mesmos e ao mistério da Deus toda vez que somos forçados a cumprir nossos limites, o último dos quais será a morte.

Lá, naquela solidão derradeira, reencontram-se todas as outras, que havíamos vivido antes, nas quais tivemos, de cada vez, de tornar a encontrar, com fadiga e com angústia, o sentido do caminho; e erguíamos os olhos para o mistério do amor de Deus, e estendíamos uma mão de misericórdia e de súplica aos irmãos e às irmãs que se achavam ao nosso lado. A morte final, aquela que um dia nos surpreenderá, embora tenha sido a certeza perturbadora que está constantemente ao nosso lado, nos permitirá regressar definitivamente a nós mesmos e à nossa nudez para chegar àquela terra milenar onde Deus plantou a sua semente de vida eterna; naquele momento seremos simplesmente "filhos pequenos", frágeis e necessitarão de ser acolhidos mais uma vez e para sempre.

O caminho de vida de Francisco, proclamado no final da sua existência, recorda-nos que a vida passa pela morte (cotidiana e definitiva) como ventre necessário para que a nossa carne nasça, cresça e se torne gloriosa, como a daquele que se tornou o Filho eterno, amando o Pai e seus irmãos na obediência até a morte, e morte de Cruz (Fl 2,8).

Conclusão
O caminho de Francisco

Não sei se o que se propõe nestas páginas é uma reconstrução fiel dos acontecimentos que caracterizaram os últimos anos da existência de Francisco, e, sobretudo, se a hipótese interpretativa ligada à imagem do "caminho", organizada por meio de sucessivos acontecimentos locais, passagens temporais e temáticas, é capaz de resumir a riqueza e a complexidade daquela época. No entanto, os textos e os acontecimentos permitem-nos vislumbrar um caminho evangélico naquele tempo final que parece reconectar e completar os inícios da sua história cristã, quando o jovem Francisco se pusera no seguimento de Jesus, para que, com Ele, se tornasse livre e leve.

Como foi no início, assim aconteceu nos últimos três anos da sua existência: o seu foi um caminho feito de carne e de sangue, feito de terra árida e dura, feito de humanidade que não procura fugir de si mesma nem se superar, mas sim realizar-se a si mesma. E isso aconteceu graças a um encontro especial, feito de terra por causa da carne e do sangue: com o Evangelho de Jesus, que é o caminho da humildade e da caridade, o único por meio do qual se pode aceder à beleza – à verdadeira, à perfeita, à que é letícia e paz –, consumação de nossa humanidade. O caminho percorrido novamente nos últimos anos por Francisco foi o caminho da terra, isto é, o caminho da carne amada por Deus em Cristo.

Francisco a escolhera no início de sua conversão, quando abraçou a pobreza no seguimento de Jesus, e quando se fez, juntamente com ele, peregrino e forasteiro pelos caminhos dos homens; contudo, permaneceu rico do Evangelho, o qual é via para a vida. Aquela pobreza, porém, tornou-se, aos poucos, riqueza: ele tornou-se o famoso e procurado "Irmão Francisco", aquele atrás de quem todos iam e de quem nasceu um grande e poderoso movimento religioso. É o que ele mesmo conta na primeira parte da parábola da *Perfeita alegria*: "reis e bispos entravam na sua Ordem, os seus frades faziam maravilhas em todo o mundo e ele já era considerado um santo" (cf. PA 1-6). Mas toda essa fama e sucesso não correram o risco de fazê-lo perder de vista aquele que ele apoiava? Falara acerca dele e todos correram atrás de si! Mas Francisco ainda estava no caminho de seguir a Cristo? Ele ainda era "Frei Francisco" ou já havia se tornado "São Francisco"? O risco de não andar mais atrás de ninguém, mas de ter se tornado referência para os outros, e, portanto, referência para si mesmo, era grande.

A vida recolocou-o no caminho para não o fazer perder aquele que era o caminho, a verdade e a vida. Ao olhar novamente para aquele rosto feito de Evangelho, isto é, de humildade e de caridade, feito de beleza e de fraternidade, ele precisava disto, e o teria encontrado novamente na sua própria carne, aquela terra humilde e pobre, mas boa e amada, na qual Deus plantou a semente do Evangelho. E nos últimos anos de sua vida, aceitou ser simples e dramaticamente "Frei Francisco" e voltar a andar descalço na pobre terra da sua existência. Esta foi a última etapa, aquela que o trouxe de volta à condição do início e o preparou para encontrar definitivamente aquele que já tinha tocado o seu coração.

Naqueles últimos anos completou o caminho: confirmou a lógica do Evangelho como forma única e definitiva da sua vida; contemplou novamente o mistério paradoxal da humildade e da caridade de Cristo; e então experimentou a beleza que é o verdadeiro rosto de Deus, aquele que faz o coração alegrar-se e cantar. Foi a notícia definitiva, reiterada por Francisco, que lhe permitiu acreditar até o fim que "os irmãos são possíveis", e voltar a ser fraterno. Depois de se encontrar diante de uma porta fechada, que parecia empurrá-lo para a solidão de uma noite escura, voltou a ser da terra e sobre a terra; naqueles últimos momentos da sua vida, voltou a ser aquele homem pobre e, portanto, livre e leve, consciente de ser amado não porque fosse um herói, mas porque era humano.

E naquele final de tarde de 03 de outubro de 1226, "Francisco" tornou-se para sempre "frade" e, por isso, "santo", levando até o fim o seu seguimento do Evangelho com o testemunho ao mundo inteiro de que o caminho para a vida é Cristo!

EDITORA VOZES LTDA.
Rua Frei Luís, 100 – Centro – Cep 25689-900 – Petrópolis, RJ
Tel.: (24) 2233-9000 – E-mail: vendas@vozes.com.br